Manual que acompaña

Vistazos
Un curso breve

Manual que acompaña
Vistazos
Un curso breve

Bill VanPatten
University of Illinois, Chicago

William R. Glass

Donna Deans Binkowski

James F. Lee
Indiana University, Bloomington

Terry L. Ballman
Western Carolina University

Boston   Burr Ridge, IL   Dubuque, IA   Madison, WI   New York   San Francisco   St. Louis
Bangkok   Bogotá   Caracas   Kuala Lumpur   Lisbon   London   Madrid   Mexico City
Milan   Montreal   New Delhi   Santiago   Seoul   Singapore   Sydney   Taipei   Toronto

McGraw-Hill Higher Education

A Division of The **McGraw-Hill** *Companies*

This is an  book.

Manual que acompaña Vistazos: Un curso breve

Published by McGraw-Hill, an imprint of The McGraw-Hill Companies, Inc., 1221 Avenue of the Americas, New York, NY 10020. Copyright © 2002 by The McGraw-Hill Companies. All rights reserved. No part of this publication may be reproduced or distributed in any form or by any means, or stored in a database or retrieval system, without the prior written consent of The McGraw-Hill Companies, Inc., including, but not limited to, in any network or other electronic storage or transmission, or broadcast for distance learning.

This book is printed on acid-free paper

2 3 4 5 6 7 8 9 0   CUS   CUS   0 3 2 1

ISBN: 0-07-248712-7

Editor-in-chief: *Thalia Dorwick*
Publisher: *William R. Glass*
Director of development: *Scott Tinetti*
Marketing manager: *Nick Agnew*
Project manager: *Christina Gimlin*
Production supervisor: *Richard DeVitto*
Compositor: *TechBooks*
Printer: *Von Hoffman Graphics*

Grateful acknowledgment is made for use of the following:

Photos
Page 51 Frerck/Odyssey/Chicago; *65* Ulrike Welsch; *87* "Las Cuatas Diego"/Cecilia Concepción Álvarez/ Collection of the Artist; *137* Woodfin Camp; *149* Visión Interamericana; *159* Courtesy of Ramon Lombarte; *177* Frerck/Odyssey/Chicago; *215* Courtesy of Diana Bryer; *227* Susan Kuklin/Photo Researchers; *239* Ministerio de Asuntos Sociales, Instituto de la Mujer.
Realia
Page 1 © Quino/Quipos; *19* Televisió de Catalunya; *35* Cambio 16; *58* Cosmopolitan en Español, Editorial América; *119, 191* © Quino/Quipos; *201* Natura, January, 1984; *230* El Mundo; *247* Aeroméxico.
Readings
Page 47 Extract from "Romance sonambulo" by Frederico García Lorca, © Heredores de García Lorca; *114, 115* "Cancion de jinete" by Frederico García Lorca, © Heredores de García Lorca.

http://www.mhhe.com

Contents

Notes to students

The *Manual que acompaña Vistazos* contains activities and other materials related to the content of the student text. As you work through the materials in the *Manual,* keep the following points in mind.

- The *Manual* contains groups or series of activities that focus on vocabulary, grammar, pronunciation, and listening skills. Each series of activities has a title; for example, **Lección preliminar** includes a series of activities entitled **Vistazos: Las carreras y las materias.** These activities not only deal with classes and majors but also provide additional work on certain grammar points. This series continues until the next series title, **Vistazos: Más sobre las clases.**
- In general, when you complete a **Vistazos** section in your textbook, you should then complete the corresponding **Vistazos** series in the *Manual.*
- The **Prueba de práctica** that ends each lesson is designed to assess both your knowledge and skill development. If you can complete the **Prueba** successfully and perform its activities with confidence, you are making satisfactory progress. Your instructor will let you know whether or not these activities are to be turned in. Note that some of the **Prueba** activities are listening-oriented, whereas others are speaking-oriented. You may wish to practice the speaking activities with a classmate.
- Write out each lesson's **Para entregar** (*To turn in*) activities on a separate sheet of paper, and turn it in to your instructor. (These activities are noted with a notepad icon in the margin.)
- To do the listening activities (noted with a headphones icon in the margin), you must listen to the recordings that accompany the *Vistazos* program. You may find it convenient to purchase your own set of cassettes or CDs for this purpose. Ask your instructor for information on how to obtain them.
- Answers to activities preceded by an asterisk (*) are included in the *Answer Key* in the back of the *Manual.*

¿QUIÉN ERES?

In this lesson of the Manual *you will review and continue to practice what you have learned in class. The goals of this lesson are*

- to practice inquiring about names and where people are from
- to review courses and areas of study
- to review the forms and uses of the verb **ser**
- to review the subject-pronoun system in Spanish
- to review the verb **gustar**
- to review gender and number of articles and adjectives
- to review the numbers 0–30
- to review the verb **hay**

Vistazos

Vocabulario esencial: ¿Cómo te llamas?

Introducing Yourself

Actividad A   Nuevos° amigos

New

You have probably spent the first day or two of Spanish class getting to know people in the class. Can you remember some names? Answer the following questions by filling in the appropriate names.

1.   ¿Cómo te llamas? _____

2.   ¿Cómo se llama tu profesor(a) de español? _____

3.   ¿Cómo se llama otra (*another*) persona en la clase? _____

 ### *Actividad B   ¿Qué sigue?°

¿Qué... What follows?

You will hear part of several conversations. Use your knowledge of the things people say when they meet to choose what the speaker in each is likely to say next. The model is on the audio program. Note: Answers for all activities preceded by an asterisk (*) can be found in the *Answer Key* at the back of the *Manual*.

> MODELO   CARLOS: Hola, ¿cómo te llamas?
> MARTA: Me llamo Marta.
> CARLOS: Mucho gusto.
> MARTA: Encantada. Y tú, ¿cómo te llamas?

What will be the answer to Marta's question?

> CARLOS: a.   De México.   b.   Mi nombre es Carlos.   c.   Encantado.

The correct response is b.

1.   JUANA: a.   Me llamo Juana.   b.   ¿Cómo te llamas?   c.   Encantada.

2.   MARTÍN: a.   Mucho gusto.   b.   Soy Martín.   c.   ¿Cómo te llamas?

3.   MIGUEL: a.   Miguel.   b.   Encantado.   c.   Se llama Ana.

Vocabulario esencial: ¿De dónde eres?

Telling Where You Are From

*Actividad C   Hispanos famosos

Can you identify the country of origin of the following famous Hispanics? Match the person with the correct country. If you get four correct you're doing great!

1.   _____   Fidel Castro, político y dictador

2.   _____   Antonio Banderas, actor

3.   _____   Rigoberta Menchú, activista

a.   Es de Panamá.
b.   Es de Guatemala.
c.   Es de los Estados Unidos.

4. _____ Gabriel García Márquez, autor

5. _____ Jennifer López, actriz

6. _____ Andrés Galarraga, beisbolista

7. _____ Rubén Blades, actor y cantante (*singer*)

d. Es de Colombia.
e. Es de Venezuela.
f. Es de Cuba.
g. Es de España.

*Actividad D   ¿Cierto o falso?

Listen to the following conversation between a professor and a student and then indicate whether the following statements are true (**cierto**) or false (**falso**).

	CIERTO	FALSO
1. El profesor se llama Antonio Amores.	☐	☐
2. La estudiante se llama María.	☐	☐
3. El profesor es de Madrid.	☐	☐
4. La estudiante es de Los Ángeles.	☐	☐

Gramática esencial: ¿Ser o no ser?

Forms and Uses of **ser**

*Actividad E   ¿A quién se refiere?

Listen as the speaker on the audio program says a sentence in Spanish. Indicate who is being referred to by circling the letter of the correct answer.

MODELO   (*you hear*) Son profesores de español. →
(*you see*) a.   Luis y Marcos   b.   tú y yo
(*you select*) a.

1.   a.   tú   b.   ella

2.   a.   Bernardo y yo   b.   Bernardo y Anita

3.   a.   tú   b.   vosotros

4.   a.   usted   b.   yo

5.   a.   Marisela   b.   tú y un amigo

*Actividad F   ¿Quién es?

Indicate what the subject pronoun of each sentence would be.

MODELO   Somos estudiantes. → nosotros/as

1.   Es un buen profesor. → _____

2.   ¿Eres del Perú? → _____

3.   Son estudiantes de informática. → _____

4.   Sois de España, ¿no? → _____

5.   Soy estudiante de lenguas extranjeras. → _____

*Actividad G   Diálogos

Listen to each conversation on the audio program. Is the second speaker using the verb **ser** to indicate occupation, indicate origin, indicate possession, or describe inherent qualities? Check the appropriate box.

> MODELO   (*you hear*) SPEAKER 1:   Me gusta mucho la clase de filosofía.
> SPEAKER 2:   Sí, pero es un poco difícil, ¿no? →
> (*you check*) inherent quality

	OCCUPATION	ORIGIN	POSSESSION	INHERENT QUALITY
1.	☐	☐	☐	☐
2.	☐	☐	☐	☐
3.	☐	☐	☐	☐
4.	☐	☐	☐	☐
5.	☐	☐	☐	☐
6.	☐	☐	☐	☐

Comunicación

Para entregar   Más opiniones

Indicate your opinion of each item by writing a statement about its inherent quality or characteristic. Select from the adjectives given.

> MODELO   mis clases: buenas   malas   regulares → ¡Mis clases son buenas!

1. mi casa: bonita   fea (*ugly*)   regular
2. mis amigos: liberales   conservadores
3. Sharon Stone: extrovertida   introvertida
4. mis libros: caros (*expensive*)   baratos
5. la cafetería: buena   mala   regular
6. mi clase de español: fácil (*easy*)   difícil (*hard*)   regular
7. yo: egocéntrico/a   altruista

Vistazos

Las carreras y las materias

Vocabulario esencial: ¿Qué estudias?

Courses of Study and School Subjects

 Actividad A   Las clases

You will hear a series of questions about types of classes. For each question asked, two possible responses will be given. Listen carefully and say the correct response for each.

MODELO   (*you hear*) ¿Qué materia es una ciencia social, la biología o la historia? →
         (*you say*) La historia.
         (*you hear*) La historia. La historia es una ciencia social.

1...   2...   3...   4...   5...

*Actividad B   ¿Qué materia no pertenece°?

no... doesn't belong

For each group of subjects below, circle the one that doesn't belong to the general category given.

1.   Las ciencias sociales

   a.   la geografía   b.   las comunicaciones   c.   la física

2.   Las humanidades

   a.   la psicología   b.   la filosofía   c.   el arte

3.   Las lenguas extranjeras

   a.   el japonés   b.   el francés   c.   el cálculo

4.   Las ciencias naturales

   a.   la química   b.   la antropología   c.   la biología

5.   Las humanidades

   a.   el alemán   b.   la economía   c.   la oratoria

6.   Las ciencias sociales

   a.   la composición   b.   la historia   c.   las ciencias políticas

7.   Las lenguas extranjeras

   a.   el portugués   b.   el alemán   c.   el periodismo

*Actividad C   Las carreras de personas famosas

In college, what might have been the areas of specialization of the following famous people? Choose the major from column B that most logically corresponds with the person in column A.

A	B
1. _____ Louis S. B. Leakey	a. la física
2. _____ Carl Sagan	b. la administración de empresas
3. _____ John F. Kennedy	c. las ciencias políticas
4. _____ Pablo Picasso	d. la antropología
5. _____ Ernest Hemingway	e. el periodismo
6. _____ Donald Trump	f. la astronomía
7. _____ la Dra. Laura Schlessinger	g. el arte
8. _____ Tom Brokaw	h. la psicología
9. _____ Isaac Newton	i. el teatro
10. _____ Laurence Olivier	j. la literatura

Gramática esencial: ¿Te gusta?

Actividad D   ¿Te gustan estas materias?

Below are a number of subjects many university students take to fulfill general requirements. Indicate how you feel about each by marking either **me gusta(n)** or **no me gusta(n)**.

		ME GUSTA(N)	NO ME GUSTA(N)
1.	las lenguas extranjeras	☐	☐
2.	la biología	☐	☐
3.	la psicología	☐	☐
4.	la sociología	☐	☐
5.	el cálculo	☐	☐
6.	la composición	☐	☐
7.	las ciencias sociales	☐	☐

*Actividad E   Preferencias

Listen to the following conversation among Joaquín, Ana, and Silvia as they come out of their sociology class. Then complete the chart with their preferences. You may listen more than once if you need to.

PREFERENCIAS

	Le gusta(n)…	No le gusta(n)…
Ana		la sociología
Silvia		
Joaquín		

*Actividad F   ¿Te gusta o no?

Write in the correct form of **gustar**. Then, decide if each sentence is true or not. You may wish to ask some friends for their opinion as well.

MODELO   A la persona típica no le ___gustan___ las matemáticas.

		CIERTO	FALSO
1.	A los estudiantes les _____ la comida (*food*) de la cafetería.	☐	☐
2.	A muchos estudiantes les _____ la música muy alta (*loud*).	☐	☐
3.	A algunas personas no les _____ los partidos de fútbol (*soccer games*).	☐	☐
4.	A nadie (*nobody*) le _____ los exámenes.	☐	☐
5.	A pocas (*few*) personas les _____ el fin de semana (*weekend*).	☐	☐
6.	A los profesores les _____ corregir (*to correct*) exámenes.	☐	☐

	CIERTO	FALSO

7. A algunos estudiantes les _____ la pizza. ☐ ☐

8. A todos los estudiantes les _____ la vida (*life*) en las residencias
   estudiantiles. ☐ ☐

9. A la persona típica no le _____ las ciencias naturales. ☐ ☐

10. A muchos estudiantes les _____ las vacaciones. ☐ ☐

Comunicación

Para entregar ¿Te gusta... ?

For each question, write a response. If there is time, share your responses in class tomorrow. Do most
people answer the way you do?

> MODELO ¿Te gustan las clases tempranas (*early*)? ¿Y al* estudiante típico? →
> A mí me gustan las clases tempranas, pero al estudiante típico no le gustan.
>
> *or* ¿Te gustan las vacaciones? ¿Y al estudiante típico? →
> A mí me gustan las vacaciones y al estudiante típico le gustan también (*also*).

1. ¿Te gustan las clases nocturnas? ¿Y al estudiante típico?
2. ¿Te gusta la administración de empresas? ¿Y al estudiante típico?
3. ¿Te gustan los programas de televisión? ¿Y al estudiante típico?
4. ¿Te gusta la pizza con anchoas (*anchovies*)? ¿Y al estudiante típico?
5. ¿Te gustan los exámenes finales? ¿Y al estudiante típico?

Vocabulario esencial: ¿Qué carrera haces?

Talking About
Your Major

*Actividad G Estudiantes

You will hear four students describe themselves. Match the number of each description with its corresponding picture.

a. _____   b. _____   c. _____   d. _____

*A + el (definite article) contract to al. Another common contraction is de + el: Esos libros son *del* profesor.

*Actividad H   Las carreras

While standing in line to register for next semester, Raquel and Antonio strike up a conversation about their majors and their courses. Listen carefully to their conversation and then answer the following questions. You may listen more than once if you'd like.

1. ¿Qué carrera hace Antonio? _____

2. ¿Qué carrera hace Raquel? _____

3. ¿Estudia biología Antonio? _____

4. ¿Estudia química Raquel? _____

5. ¿Quién (Who) estudia antropología? _____

*Actividad I   Una conversación

Below is half of a conversation between Laura and Pablo. Laura is interested in finding out about Pablo's studies. Write in the questions Laura must have asked. Pablo's answers are given.

LAURA: ¿_____?[1]

PABLO: Soy estudiante de lenguas extranjeras.

LAURA: ¿_____?[2]

PABLO: Estudio francés y japonés.

LAURA: ¿_____?[3]

PABLO: No, no estudio español.

Comunicación

Para entregar   Encuesta

The Spanish department at your university has asked you to provide information about yourself to help establish a profile of the typical student of Spanish. Copy the form provided, add the requested information, and turn it in.

Departamento de español
Encuesta para establecer el perfil del estudiante típico

1. ¿Cómo te llamas? _____

2. ¿De dónde eres? _____

3. ¿Qué carrera haces? _____

4. ¿Qué clases tienes (do you have) este semestre? _____

   _____

5. ¿Cuáles son tus clases favoritas? _____

¡Gracias por participar en esta encuesta!

Vistazos

Más sobre las clases

Gramática esencial: ¿Clases buenas?

Describing

Actividad A   La universidad

Below are a number of statements about a university. Indicate whether you feel they apply to your university or not.

		SÍ	NO
1.	Es pequeña (*small*).		
	la biblioteca	☐	☐
	la librería (*bookstore*)	☐	☐
	la piscina (*swimming pool*)	☐	☐
2.	Es atractivo.		
	el *campus*	☐	☐
	el estadio	☐	☐
	el gimnasio	☐	☐
3.	Son buenas.		
	las cafeterías	☐	☐
	las clases	☐	☐
	las organizaciones estudiantiles	☐	☐
4.	Son simpáticos (*nice*).		
	los profesores	☐	☐
	los estudiantes	☐	☐
	los administradores	☐	☐
5.	Son modernos.		
	los edificios (*buildings*)	☐	☐
	los profesores	☐	☐
	los libros	☐	☐

*Actividad B   ¿De qué habla?

Listen as the speaker on the audio program makes a statement. Then decide which of the choices given refers to what the person is talking about.

> MODELO   (*you hear*) Pues, son muy atractivos. →
> (*you see*) a. el libro b. las clases c. los apartamentos d. las oficinas
> (*you select*) c. los apartamentos

1. a. la rosa b. el estéreo c. las sandalias d. el libro

2. a. el dinosaurio b. el huracán c. los tornados d. las guerras (*wars*)

3. a. la estudiante b. el profesor c. las mujeres (*women*) d. los actores

4. a. el televisor b. el suéter c. la computadora d. las flores

5. a. los carros b. la discoteca c. el español d. las notas (*grades*)

6. a. el béisbol b. la música popular c. la Coca-Cola d. los deportes

Vocabulario esencial: ¿Cuántos créditos?

Numbers 0–30

Actividad C   Horarios

*Paso 1   Listen as each person says his or her name and how many credit hours he or she is taking. Write down the information below.

¿QUIÉN?	¿CUÁNTOS CRÉDITOS?
1. _____	_____
2. _____	_____
3. _____	_____
4. _____	_____
5. _____	_____
6. _____	_____

Paso 2   Use the following to practice out loud how many credits you have.

Me llamo _____ y tengo _____ créditos.

*Actividad D   Problemas de aritmética

You are going to hear eight math problems in Spanish, all simple addition. For each problem, write the correct answer. Note that the word **más** in Spanish, when used with numbers, is equivalent to the word *plus* in English, and the word **son** means *equals*.

> MODELO   (*you hear*) Catorce más uno son _____. →
> (*you write*) quince

Now you try a few.

1. _____	3. _____
2. _____	4. _____

5. _____   7. _____

6. _____   8. _____

Comunicación

Para entregar   ¡Qué semestre!

At the local coffee shop, Leticia runs into Marcos and Pilar. All three are discussing and lamenting their course load this term. Listen carefully to their conversation and then answer the questions. You may listen more than once if you need to.

1. ¿Cuántos créditos tiene Leticia?
2. ¿Qué estudia Leticia?
3. ¿Quién tiene más (*more*) créditos, Marcos o Pilar?
4. ¿Qué estudia Pilar?
5. ¿Quién tiene el mismo (*same*) número de créditos que Leticia?
6. ¿Qué estudia Marcos?

Gramática esencial: ¿Hay muchos estudiantes en tu universidad?

The Verb Form **hay**

Actividad E   Los estudiantes

Below is a series of statements about the student population at your university. Decide if each is true or false, then correct the false statements. If there's time tomorrow, compare your answers with those of your classmates. Do you have similar ideas about the students at your school?

		CIERTO	FALSO
1.	Hay muchos estudiantes de psicología.	☐	☐
2.	Hay muchos estudiantes que estudian la historia de Latinoamérica.	☐	☐
3.	Hay pocos estudiantes de alemán.	☐	☐
4.	Hay estudiantes de muchos estados (*states*).	☐	☐
5.	Hay muchos estudiantes casados (*married*) o divorciados.	☐	☐
6.	Hay muchos estudiantes que tienen carro.	☐	☐

Actividad F ¿En tu universidad... ?

Based on what you know about your university, answer each question that you hear on the audio program with a written response.

1. _____
2. _____
3. _____
4. _____
5. _____

Comunicación

Para entregar ¿Cuántos hay?

Copy these questions and answer them.

1. ¿Cuántos estudiantes hay en la clase de español?
2. ¿Cuántas letras hay en el alfabeto inglés?
3. ¿Cuántas semanas (*weeks*) hay en el semestre (trimestre)?
4. ¿Cuántas horas de laboratorio hay para las clases de química?
5. ¿Cuántos exámenes hay en la clase de español?

PRONUNCIACIÓN: ¿Cómo se deletrea... ?°

¿Cómo... *How do you spell . . . ?*

There are 29 letters in the Spanish alphabet (**alfabeto**)—three more than in the English alphabet. The **rr** is considered a single letter even though it is a two-letter group. The letters **k** and **w** appear only in words borrowed from other languages. The **Real Academia** of Spain recently dropped **ch** as a letter separate from **c** and **h** and **ll** as a separate letter from **l**. Some dictionaries have not yet caught up with this change, so be aware of this when you need to look up a word!

El alfabeto español

LETRA	NOMBRE DE LA LETRA	EJEMPLOS		
a	a	Antonio	Ana	la Argentina
b	be *or* be grande	Benito	Blanca	Bolivia
c	ce	Carlos	Cecilia	Cáceres
(ch	che	Pancho	Concha	Chile)
d	de	Domingo	Dolores	Durango
e	e	Eduardo	Elena	el Ecuador
f	efe	Felipe	Francisca	Florida
g	ge	Gerardo	Gloria	Guatemala
h	hache	Héctor	Hortensia	Honduras
i	i	Ignacio	Inés	Ibiza
j	jota	José	Juana	Jalisco
k	ka	(Karl)	(Kati)	(Kansas)
l	ele	Luis	Lola	Lima
(ll	elle	Guillermo	Guillermina	Sevilla)

m	eme	Manuel	María	México
n	ene	Noé	Nati	Nicaragua
ñ	eñe	Íñigo	Begoña	España
o	o	Octavio	Olivia	Oviedo
p	pe	Pablo	Pilar	Panamá
q	cu	Enrique	Raquel	Quito
r	ere	Álvaro	Clara	el Perú
rr	erre *or* ere doble	Rafael	Rosa	Monterrey
s	ese	Salvador	Sara	San Juan
t	te	Tomás	Teresa	Toledo
u	u	Agustín	Lucía	Uruguay
v	ve, ve chica, *or* uve	Víctor	Victoria	Venezuela
w	doble ve, ve doble, *or* uve doble	Oswaldo	(Wilma)	(Washington)
x	equis	Xavier	Ximena	Extremadura
y	i griega	Pelayo	Yolanda	Paraguay
z	zeta	Gonzalo	Esperanza	Zaragoza

Actividad A   El alfabeto

Listen as the speaker on the audio program pronounces the letters of the alphabet. Say each after you hear it.

*Actividad B   ¿Cómo se escribe?

Listen as the speaker spells the names of some important cities. Write down what you hear and then check your answers. Do you know where each city is?

1. _____   5. _____

2. _____   6. _____

3. _____   7. _____

4. _____

*Actividad C   ¿Cómo se llama?

Listen as the speaker spells some names in Spanish. Write down the name and then check your answers. Do you see that several have English equivalents?

1. _____   3. _____   5. _____

2. _____   4. _____   6. _____

Actividad D   ¿Cómo se escribe?

Practice spelling the following names and words out loud. Then listen to the speaker on the audio program to compare.

1. Gostoriaga   3. zanahoria (*carrot*)   5. Yvonne
2. Monterrey   4. añejo (*aged*)   6. Lilith Reinskeller

Practice spelling your own name (both first and last) out loud.

PRONUNCIACIÓN:
¿Cuáles son las vocales° españolas?

vowels

Unlike English vowels, Spanish vowels are consistent both in how they are pronounced and in the fact that they are always pronounced. (Except for **h,** Spanish has no silent letters.) Spanish single vowels are short and tense. They are never drawn out with a *w* or *y* sound as in English. For example, the Spanish *o* of **no** is short and tense, while in the English word *no* the *o* is much longer and ends in a *w* sound. Listen to how the two words are pronounced differently on the tape.

 In the English word *no,* the *o* is much longer and ends in a *w* sound. Listen as English *no* is repeated several times.

> no   no   no

The **o** in the Spanish word **no** is short and tense. Listen as Spanish **no** is repeated several times.

> no   no   no

 Actividad E   Las vocales

Listen to the description of how each Spanish vowel is pronounced. Then listen carefully to how the vowels are said in each of the words listed below. You may listen more than once. When you think you can imitate the words well, say them after the speaker.

a: pronounced like the *a* in *father*, but short and tense
   para   carta   gata

e: pronounced like the *e* in *they*, but without the *y* glide
   Pepe   trece   bebé

i: pronounced like the *i* in *machine*, but short and tense
   Mimi   Trini   Pili

o: pronounced like the *o* in *home*, but without the *w* glide
   como   poco   somos

u: pronounced like the *u* in *rule*, but short and tense
   Lulú   tutú   gurú

PRONUNCIACIÓN:
Algo más sobre las vocales

Note that Spanish does not "weaken" vowels the way English does. Unstressed vowels in English generally take on an "uh" sound.

 Listen as the speaker says the following English words and note how the unstressed underlined vowels all sound roughly the same.

> const<u>i</u>tut<u>io</u>n   m<u>a</u>teri<u>a</u>l   th<u>e</u> prof<u>e</u>ss<u>o</u>r

Now listen to the Spanish equivalents. Note that no vowels are "weakened"; they are all pronounced as you learned them in the previous activity.

> constitución   materia   el profesor / la profesora

Actividad F Cognados

Cognates are often the most difficult words for beginning students to pronounce correctly because there is a tendency to carry over the strong and weak vowels from English. Listen to the cognate words below and practice saying them aloud. Be sure not to weaken any vowels.

1. ciencia
2. matemáticas
3. la velocidad

4. la revelación
5. un estudiante universitario
6. una profesora de filosofía

Actividad G Más práctica

It is also important to pronounce unstressed word endings clearly. They may contain information that you are not used to attending to, but that may be important for a listener. For example, unstressed adjective endings may contain gender agreement, and nouns often reflect gender differences by their endings. Listen to and practice saying the following out loud.

1. atractivo, atractiva
2. bonito, bonita
3. romántico, romántica
4. gato (*male cat*), gata (*female cat*)

5. chico, chica
6. un chico atractivo
7. una chica atractiva

Prueba de práctica

In this lesson

- you practiced inquiring about names and where people are from
- you reviewed courses of study and the verb **gustar**
- you reviewed the verb **ser** and adjective agreement
- you reviewed the numbers 0–30 and the verb **hay**

 A. The speaker will ask you a series of questions about people's names and their place of origin. Give an appropriate and correct answer for each. (You do not have to write anything; simply respond orally.)

    1... 2... 3... 4... 5...

B. ***Paso 1** The statements below describe some of the interests of a student named Iván. First, fill in the blanks with the correct form of the verb **gustar**. Then, based on his likes and dislikes, recommend three appropriate courses for him to take.

    1. Le _____ los laboratorios de ciencia.

    2. Le _____ estudiar los planetas.

    3. Le _____ el programa *Nova*.

    4. Le _____ las ecuaciones aritméticas.

    5. Le _____ las novelas de Isaac Asimov.

Tres cursos recomendados

    6. _____

    7. _____

    8. _____

Paso 2 We know about some of Iván's likes, but what are some things that you enjoy? Write three sentences using the verb **gustar** describing courses you like, professors you like, or things you like to do.

    1. _____

    2. _____

    3. _____

C. ***Paso 1** Match the phrases in the first column with the appropriate phrase from the second column. ¡OJO! Remember to watch for agreement between the subject, verb, and adjectives. Then indicate for each whether you agree or disagree.

				SÍ	NO
_____	1.	Yo...	a. es muy sincera.	☐	☐
_____	2.	Mis amigos y yo...	b. son aburridas.	☐	☐
_____	3.	Mis clases...	c. soy una persona cómica.	☐	☐
_____	4.	Mi familia...	d. somos muy inteligentes.	☐	☐
_____	5.	El español...	e. es necesario.	☐	☐

Paso 2 Now select one of your best friends and put his or her name in the blank below.

_____

Write two true sentences that describe this friend, using the verb **ser.** Don't forget to pay attention to number and gender agreement!

  1. _____

  2. _____

D. Answer the following questions about your Spanish class.

  1. ¿Cuántos estudiantes hay en total en la clase de español?

_____

  2. ¿Cuántas mujeres hay en la clase de español? ¿Cuántos hombres hay?

_____

  3. ¿Cuántos días a la semana hay clase?

_____

ENTRE NOSOTROS

¿CÓMO ES TU HORARIO?

In this lesson of the Manual *you will review and continue to practice what you have learned in class. The goals of this lesson are*

- to learn more about your own daily routine and that of friends, instructors, and others
- to review how to express time of day and days of the week when talking about daily routines
- to review the singular forms of the present-tense verb system in Spanish, including regular, stem-vowel changing, and reflexive verbs
- to review words and phrases that express frequency

1 de cada 10 españoles ve todos los días TV3

Suggestion: Before beginning this lesson, reread **Notes to students** *that precedes* **Lección preliminar** *to review the procedures for using these materials.*

Vistazos

Vocabulario esencial: ¿Cómo es una rutina?   Talking About Daily Routines

Actividad A   La vida estudiantil y la vida real

How different or similar are the daily routines of a college student and a businessperson? For each statement below indicate whether you think it applies to a student, to a businessperson, or to both.

	ESTUDIANTE	HOMBRE/MUJER DE NEGOCIOS	LOS DOS
1. Se levanta temprano.	☐	☐	☐
2. Desayuna café con leche.	☐	☐	☐
3. Lee el periódico.	☐	☐	☐
4. Asiste a clase por la noche.	☐	☐	☐
5. Habla con sus colegas de la oficina.	☐	☐	☐
6. Escucha música.	☐	☐	☐
7. Hace ejercicio por la tarde.	☐	☐	☐
8. Estudia en la biblioteca.	☐	☐	☐
9. Cena con sus amigos.	☐	☐	☐
10. Se acuesta tarde.	☐	☐	☐

*Actividad B   Estudiantes y rutinas

Match each student with an activity that logically corresponds to his or her major.

ESTUDIANTE/ESPECIALIZACIÓN

1. _____ Isabel, estudiante de educación física
2. _____ Alex, estudiante de literatura francesa
3. _____ Viviana, estudiante de idiomas extranjeros
4. _____ Patricia, estudiante de música
5. _____ Eugenio, estudiante de ingeniería
6. _____ Sofía, estudiante de teatro
7. _____ Olga, estudiante de geografía
8. _____ Vicente, estudiante de periodismo

ACTIVIDAD

a. Escucha cintas (*tapes*) en el laboratorio.
b. Toca la guitarra y el piano.
c. Lee muchas novelas.
d. Trabaja mucho con números y calculadoras.
e. Estudia muchos mapas.
f. Asiste a muchos espectáculos teatrales.
g. Hace ejercicio aeróbico.
h. Lee muchos periódicos y escribe mucho.

Actividad C   Mejores° amigos

Best

In the space below write the name of your best friend. On the audio program a speaker will make a number of statements about daily routines. For each, indicate whether it is true of your friend or not. Listen more than once if you like. **¡OJO!** Remember that Spanish can omit subject pronouns. The speaker on the audio program assumes that you know your best friend is the subject so there is no need to include either a subject or a subject pronoun.

MODELO   (*you hear*) Se levanta muy tarde. →
          (*you say*) Es cierto.
              or Es falso.
          (*you mark the appropriate box*)

Nombre de mi mejor amigo/a _____

	ES CIERTO	ES FALSO
1.	☐	☐
2.	☐	☐
3.	☐	☐
4.	☐	☐
5.	☐	☐
6.	☐	☐
7.	☐	☐
8.	☐	☐

*Actividad D   ¿Cuándo?

You will hear a student's brief monologue describing his roommate's schedule. Indicate whether the roommate does each activity listed in the morning, in the afternoon, or in the evening.

		POR LA MAÑANA	POR LA TARDE	POR LA NOCHE
1.	Asiste a clases.	☐	☐	☐
2.	Hace ejercicio.	☐	☐	☐
3.	Lee un libro.	☐	☐	☐
4.	Trabaja en el laboratorio.	☐	☐	☐
5.	Estudia en la biblioteca.	☐	☐	☐
6.	Habla con sus amigos.	☐	☐	☐
7.	Sale con los amigos.	☐	☐	☐

Gramática esencial: ¿Trabaja o no?

Talking About What Someone Else Does

Actividad E   Mi profesor o profesora

Listen to the speaker on the audio program make statements about your instructor. Decide whether each is true or false.

MODELO   (*you hear*) Mira la televisión todos los días. →
              (*you might say*) Sí.

1...   2...   3...   4...   5...   6...   7...   8...   9...

Actividad F   La rutina del profesor (de la profesora)

Using words you already know, write five sentences about what you think your instructor's daily habits are. Keep these five sentences; you will add to them later. (By the end of this lesson you will have a long list of your instructor's activities.)

MODELO   Habla mucho por teléfono.

Actividad G   ¿Sí o no?

Once again listen to the speaker make statements about your instructor's daily routine. Decide if each is true or false.

MODELO   (*you hear*) Mira la televisión por la noche. →
              (*you might say*) Sí.

1...   2...   3...   4...   5...

*Actividad H   María García

While you can only make intelligent guesses about your instructor's routine, you know what the daily life of a student is like. Using the following guides, write sentences that indicate what a day is like for **María García, estudiante universitaria media** (*average*).

1. María (levantarse con dificultad / levantarse sin dificultad) si es muy temprano.

_____

2. María siempre (*always*) (hacer ejercicio / desayunar café) para comenzar el día.

_____

3. (Almorzar / Dormir) entre (*between*) las clases.

_____

4. En la biblioteca (estudiar / hablar con los amigos).

_____

5. Después de las clases, (tener que estudiar / tener que trabajar).

_____

6. Por la noche, (acostarse / escribir la tarea) después de mirar el programa de David Letterman.

_____

Comunicación

Para entregar   La rutina de mi profesor(a)

Add five more sentences to the list of your instructor's daily routines (**Actividad F**). You should now have a total of ten sentences. Review what you have written, make any changes necessary, and turn in the list of ten to your instructor. Do you think you have a good idea of how your instructor spends his or her day?

Vistazos

Durante la semana

Vocabulario esencial: ¿Con qué frecuencia? (I)

Talking About How Often
You Do Things

 *Actividad A   El horario

You will hear a series of statements. Each one will describe the activity being done in one of the pictures below. Number the pictures in the order in which they are described. You may need to listen more than once.

a. _____   b. _____   c. _____

d. _____   e. _____   f. _____

g. _____   h. _____

Actividad B   La rutina del presidente

Below are a number of activities that the president of the United States might do in a given week. Finish each with the phrase that indicates the frequency with which he performs each activity.

MODELO   Se levanta temprano *frecuentemente*.

1. Consulta con el vicepresidente _____.

2. Hace ejercicio _____.

3. Le pide consejos (*asks for advice*) a su esposa (*wife*) _____.

4. Piensa en la situación económica _____.

5. Se duerme en la oficina ovalada _____.

6. Escucha música _____.

7. Habla por teléfono con varios miembros del Congreso _____.

8. Mira la televisión antes de (*before*) acostarse _____.

Vocabulario esencial: ¿Qué día de la semana?   Days of the Week

Actividad C   María García

Circle the correct completion(s) for each statement about **María García, estudiante universitaria media.**

1. No tiene clases _____.

   a. los lunes   b. los jueves   c. los domingos

2. Tiene clase de español _____.

   a. los lunes   c. los miércoles   e. los viernes

   b. los martes   d. los jueves   f. todos los días

3. No le gusta tener exámenes _____.

   a. los lunes   b. los miércoles   c. los viernes

4. Le gustan _____ porque generalmente no hay clases los sábados y los domingos.

   a. los lunes   b. los sábados   c. los viernes

5. Puede levantarse tarde _____.

   a. los jueves   b. los sábados

*Actividad D   Los días del fin de semana

You will hear a conversation between Sandra and Dolores, two university students, as they discuss their weekend activities. Listen closely and indicate whether each statement below is **probable** or **improbable**. Note: Sandra's first line in the conversation contains verb forms you have not learned yet. Can you guess what she is saying?

1. Sandra trabaja mucho los fines de semana. ¿Es probable o improbable? _____

2. Dolores estudia en la biblioteca los sábados. ¿Es probable o improbable? _____

3. Dolores se levanta temprano los domingos. ¿Es probable o improbable? _____

Gramática esencial: ¿Y yo?

Talking About Your Own Activities

Actividad E   ¿Sábado o lunes?

All things considered, would the following statements describe your typical Saturday, Monday, or both?

		SÁBADO	LUNES	LOS DOS
1.	Me levanto temprano.	☐	☐	☐
2.	Escribo la tarea.	☐	☐	☐
3.	Salgo al cine con mis amigos.	☐	☐	☐
4.	Tengo clase de español.	☐	☐	☐
5.	Estudio en la biblioteca.	☐	☐	☐
6.	Hablo con el profesor.	☐	☐	☐
7.	Voy a un club a escuchar música.	☐	☐	☐
8.	Me acuesto temprano.	☐	☐	☐
9.	Miro un programa de televisión.	☐	☐	☐
10.	Leo mucho para mis clases.	☐	☐	☐

Actividad F   Mi rutina

Using the following verbs, write sentences describing what you do in a given day, in chronological order. You can use the connectors **luego** (*then*) and **después** (*afterward*) to give sequence to your sentences.

almorzar	despertarse	leer	poder
asistir	ir	mirar	salir

_____

_____

_____

_____

_____

_____

*Actividad G Esta persona...

Listen to what the speaker says on the audio program. Write it down on the line and then complete the statement that follows.

1. «_____»

   Esta persona probablemente...
   a. tiene dificultad en poner atención.   b. no duerme lo suficiente por la noche.   c. *a y b.*

2. «_____»

   Esta persona probablemente...
   a. toca la guitarra.   b. juega deportes.   c. trabaja por la tarde.

3. «_____»

   Esta persona probablemente...
   a. estudia biología.   b. descansa (*rests*) mucho.   c. *a y b.*

4. «_____»

   Esta persona probablemente...
   a. recibe malas notas (*grades*).   b. piensa mucho en su futuro.   c. pasa mucho tiempo en la biblioteca.

5. «_____»

   Esta persona probablemente...
   a. mira mucho la televisión.   b. se acuesta tarde.   c. *a y b.*

6. «_____»

   Esta persona probablemente...
   a. tiene cinco clases este semestre.   b. no asiste a clases por la tarde.   c. come en la cafetería.

Actividad H ¿Sí o no?

Listen as the speaker makes a statement about his daily routine. If the same is true for you, say **Yo también.** If not, say **Yo no.**

   MODELO   (*you hear*) Tengo algunas clases difíciles. Debo estudiar todas las noches. →
                 (*you might say*) Yo también.

   1...   2...   3...   4...   5...   6...   7...

Comunicación

Para entregar   José Blanco

Paso 1   Read the following description of a student. Note again that Spanish does not need to use subject nouns or subject pronouns once the identity of the subject (José) has been established.

José Blanco es un estudiante mexicano. Estudia en la UNAM, la Universidad Autónoma de México. Los lunes y los miércoles va a la universidad porque tiene tres clases este semestre: Antropología I, Historia II y Sociología I. Los jueves, los viernes y los sábados trabaja. Los días de clase se levanta a las 7.00, se ducha y se viste rápidamente y desayuna con la familia. Va en carro a la UNAM; casi nunca toma el autobús. Vuelve a casa para almorzar con la familia y después vuelve a la universidad. Regresa a casa por la tarde normalmente a las 6.00, descansa y estudia o lee. Tiene que estudiar todas las noches pero a veces no tiene tiempo (*time*). No le gusta mirar la televisión porque piensa que es malo para el cerebro (*brain*). Cena en casa y luego sale con los amigos. Regresa a casa para las 11.00 y se acuesta. Siempre se duerme en seguida (*right away*).

Paso 2 Write at least ten sentences in which you compare and contrast your class days with José's. (Do use subject nouns and pronouns here for comparison and emphasis.)

MODELO   José es estudiante mexicano; yo soy estudiante norteamericano/a.

Vistazos

Más sobre las rutinas

Vocabulario esencial: ¿A qué hora... ?

Telling When Something Happens

 *Actividad A   El horario de Clara

Look at the drawings and listen as the speaker on the audio program says the time of day when Clara does each activity. Write the correct time in the appropriate blank. Remember to check your answers in the *Answer Key*.

1. _____   2. _____   3. _____   4. _____

5. _____   6. _____   7. _____

*Actividad B ¿A qué hora se levanta?

You will hear a conversation between Rodolfo and Katrina, two university students. They are discussing the time people get up in the morning. Answer the following questions according to what you hear. You may listen more than once if you need to. (Note: **después de** = *after*)

1. ¿Quién se levanta muy temprano, Rodolfo o Katrina? _____

2. ¿Quién se acuesta tarde, Rodolfo o Katrina? _____

3. ¿Quién hace ejercicio por la mañana? _____

4. ¿Qué días de la semana se levanta Rodolfo a las 8.00? _____

Gramática esencial: ¿Y tú? ¿Y usted?

Addressing Others

Actividad C Mi rutina

Listen as the speaker asks a series of questions. Circle the answer that applies to you.

MODELO   (*you hear*) ¿Te acuestas tarde o temprano? →
              (*you select from*) a. tarde b. temprano

1. a. sí   b. no

2. a. sí   b. no

3. a. sí   b. no

4. a. sí   b. no

5. a. sí   b. no

6. a. en casa b. en la universidad c. a veces (*sometimes*) en casa, a veces en la universidad

7. a. por la tarde b. por la noche c. a veces por la tarde, a veces por la noche

8. a. los viernes b. los sábados c. a veces los viernes, a veces los sábados

9. a. en la biblioteca b. en mi cuarto c. a veces en la biblioteca, a veces en mi cuarto

10. a. por la mañana b. por la noche c. a veces por la mañana, a veces por la noche

*Actividad D Preguntas

Using the words given, create questions that you can ask someone in class. Check your questions in the *Answer Key*, then practice your questions out loud.

MODELO vivir / en la residencia estudiantil / apartamento / con tu familia →
        ¿Vives en la residencia estudiantil, en un apartamento o con tu familia?

1. estudiar / por la mañana / por la tarde / por la noche

   _____

2. hacer ejercicio / los días de trabajo / los fines de semana

   _____

3. levantarte / temprano / tarde / los fines de semana

   _____

4. preferir / leer un libro / mirar la televisión / para descansar

   _____

5. hacer tarea / para todas las clases

   _____

6. gustar / cenar / en casa / restaurante / cafetería (¡**OJO!** Remember that **gustar** means *to be pleasing*.)

   _____

7. generalmente / acostarte / temprano / tarde / los días de trabajo

   _____

8. ir a la universidad / en autobús / en carro

   _____

9. gustar / escuchar música / cuando estudiar

   _____

10. tener que asistir a clase / todos los días

   _____

*Actividad E   Entrevista

If you were to interview a professor, you would use the **Ud.** form. Make up some questions for **el profesor Rodríguez,** someone who may visit class tomorrow. What can you ask him about his daily schedule? Use the cues.

MODELO   tener clase / ¿A qué hora... ? →
          ¿A qué hora tiene Ud. clase?

1. levantarse / ¿A qué hora... ? _____

2. desayunar / ¿A qué hora... ? _____

3. ir a la universidad / ¿Qué días de la semana... ? _____

4. trabajar en su oficina / ¿Cuándo... ? _____

5. volver a casa / ¿A qué hora... ? _____

Vocabulario esencial: ¿Qué sueles hacer?

Talking About What You Do Regularly

Actividad F   ¡Di la verdad!°

¡Di... *Tell the truth!*

For each of the statements, mark either **cierto** or **falso,** whichever is more accurate for you.

	CIERTO	FALSO
1. Suelo levantarme temprano.	☐	☐
2. Suelo estudiar en la biblioteca.	☐	☐
3. Suelo escuchar música todos los días.	☐	☐

	CIERTO	FALSO
4. Suelo cenar en casa.	☐	☐
5. Suelo dormirme en clase.	☐	☐
6. Suelo hacer ejercicio aeróbico por la mañana.	☐	☐
7. Suelo escribir la tarea por la noche.	☐	☐
8. Suelo almorzar con mis amigos.	☐	☐

 *Actividad G   Paco y Jorge

You will hear a conversation between Paco and Jorge. Paco is asking Jorge about his work schedule. After listening, answer the following questions. You may listen more than once.

1. ¿Suele Jorge trabajar todos los días? _____

2. ¿Suele Jorge trabajar por la noche? _____

3. ¿Qué días suele trabajar Jorge? _____

4. ¿Qué suele hacer Jorge los sábados por la noche?

_____

Comunicación

Para entregar   Tus hábitos

Answer the following questions about yourself, using complete sentences.

1. ¿Qué días vas a clases?
2. ¿A qué hora sueles levantarte los días de clase?
3. ¿Qué sueles hacer por la noche los días de clase?
4. ¿A qué hora sueles levantarte los días del fin de semana?
5. ¿Qué sueles hacer los fines de semana?
6. ¿Qué sueles hacer por la noche los fines de semana?
7. ¿Dónde sueles estudiar?

PRONUNCIACIÓN: Algo más sobre las vocales

Diphthongs   You learned in the previous lesson that single Spanish vowels are pronounced differently from English vowels. But what happens when one vowel follows another? Normally in Spanish, two contiguous vowels form a diphthong when one of the vowels is **i** or **u.** This means that the vowels blend to form one vowel sound. For example, the name **Eduardo** is not pronounced **e-du-ar-do** but something like **e-dwar-do.** And the word **veinte** is pronounced **beyn-te** and not **be-in-te.**

Note that in the sequences **que, qui, gue,** and **gui,** the **u** is present only to signal how the consonants are pronounced. You will learn more about this later. For now, do not pronounce those sequences as diphthongs but rather as the single vowels **e** and **i.** For example, **Miguel** → **mi-gel; inquieto** → **in-kye-to,** and so on.

Actividad A Diptongos

Listen as the speaker pronounces the following words containing common diphthong patterns. After listening, try to match the speaker's pronunciation as closely as possible.

1. también siete viene se despierta
2. idioma periódico matrimonio Antonio
3. Eduardo lengua cuatro cuando
4. buena nueve puede se acuesta
5. seis veinte veintiuno
6. materia estudia diariamente

Note that in some combinations, a written accent indicates that strong stress is required on a vowel, thus eliminating the diphthong. Words such as **día** and **categoría** are not pronounced the same as the words in number 6 above.

PRONUNCIACIÓN:
Aun más sobre las vocales

Linking Syllables Across Words In Spanish, if the first sound of a word is a vowel, that vowel generally is "linked" with the previous syllable, even though the syllable belongs to a different word.

Listen as the speaker pronounces the following question:

¿Qué materia‿estudias?

The **e** sound of **estudias** blends with the **ia** diphthong of **materia** to make a diphthong of three vowels (a triphthong!). When the two vowels are the same, most speakers tend to treat them as a single vowel.

¿De dónde‿eres?

Actividad B Práctica

Listen as the speaker says each of the following statements. You need not repeat for practice; just try to get used to hearing linking across word boundaries. Before continuing, you may want to stop the audio program and underline the contiguous vowels to help focus your listening.

1. Tengo una clase de español.
2. Esa persona estudia antropología.
3. ¿De dónde es?
4. Se levanta a las seis.
5. ¿Funcionas mejor de día o de noche?
6. Es bueno hablar un idioma extranjero.

Did you notice that since the **h** of **hablar** is silent, **bueno** and **hablar** also link?

PRONUNCIACIÓN:
Entonación y ritmo

Pitch and Stress in Questions and Statements   You may have noticed that Spanish and English differ in their intonational and rhythmic patterns. Spanish does not have as many levels of stress for vowels as does English, and Spanish also tends to make all vowels roughly equal in length so that there is no system of short and long vowels that lead to the *uh* sound, as in English.

In terms of intonation, it is important to realize that Spanish questions and declarative statements often sound alike. That is, the stress and pitch levels drop off at the end, rather than rise, as in English.

 Listen as the speaker pronounces these two questions. Notice that in Spanish the intonational pattern sounds more like a declarative statement than a question.

¿A qué hora te levantas?

What time do you get up?

Only in yes/no questions does Spanish normally rise in pitch at the end of a question.

¿Te levantas a las 8.00?

 Actividad C   Entonación

Try to determine whether the speaker is making a statement or asking a question.

1...   2...   3...   4...   5...   6...

Just as in any other language, dialectal and individual variations occur in intonation. As you listen to more and more Spanish, be alert to speakers' intonational and rhythmic patterns. Are some easier for you to understand than others?

Prueba de práctica

In this lesson

- you learned vocabulary related to daily routines
- you learned the singular forms of present-tense verbs
- you learned expressions related to frequency, time, and days of the week
- you learned about differences regarding times at which certain activities are done in Hispanic countries compared with the United States

*A. Match each of the activities listed in column A with the word or phrase to which it logically corresponds in column B.

A

1. _____ leer una novela
2. _____ levantarse
3. _____ manejar
4. _____ tocar un instrumento
5. _____ escuchar
6. _____ dormir
7. _____ hacer ejercicio
8. _____ comer con amigos

B

a. el carro
b. ocho horas cada noche
c. el gimnasio
d. a las 7.00 de la mañana
e. una clase de literatura
f. la radio
g. el restaurante
h. el violín

*B. Paso 1 You will hear a student's brief description of a roommate's schedule. For each of the activities, indicate whether the person does them in the morning, in the afternoon, or in the evening.

	POR LA MAÑANA	POR LA TARDE	POR LA NOCHE
1. Asiste a clases.	☐	☐	☐
2. Hace ejercicio.	☐	☐	☐
3. Mira la televisión.	☐	☐	☐
4. Trabaja en el laboratorio.	☐	☐	☐
5. Estudia en la biblioteca.	☐	☐	☐
6. Habla con sus amigos.	☐	☐	☐
7. Sale con los amigos.	☐	☐	☐

Paso 2 Now listen as the same person asks you questions about your own schedule. Answer the questions orally.

1...   2...   3...   4...   5...

C. Paso 1 Complete the schedule below by filling in the days of the week and by writing at least one thing you do each day.

DÍA	ACTIVIDAD
lunes	_____
martes	_____
_____	_____
_____	_____
viernes	_____
_____	_____
domingo	_____

Paso 2 Now answer the following questions.

1. ¿A qué hora te levantas los martes? _____

2. ¿A qué hora te levantas los domingos? _____

3. ¿Tienes clase a las 8.00 de la mañana los lunes? ¿Qué clase es?

_____

4. ¿A qué hora es la clase de español? ¿Qué días? _____

_____

5. ¿A qué hora sueles cenar? _____

D. In this lesson, you discussed your own daily routine and those of friends and professors. You also read about some general differences regarding the customary time for doing some daily activities in Hispanic countries as compared to the United States. Give an example of this cultural difference in the space below.

_____

_____

_____

_____

_____

_____

_____

_____

_____

_____

_____

_____

¿QUÉ HACES LOS FINES DE SEMANA?

In this lesson of the Manual *you will review and continue to practice what you have learned in class. The goals of this lesson are*

- to learn more about your weekend activities and those of friends, instructors, and others
- to review the plural forms of the present-tense verb system in Spanish
- to review additional words and phrases that express frequency
- to review how to express negation in Spanish
- to review the use of **gustar** and further explore the topic of likes and dislikes
- to review vocabulary related to seasons, months, and the weather

TIEMPO QUE DEDICAN A SUS AFICIONES

(Media de minutos diarios)

Ver la televisión	**120**
Tomar copas	**60**
Pasear	**22**
Leer libros	**15**
Escuchar música	**15**
Oír la radio	**8**
Hacer deporte	**9**
Practicar *hobbies*	**8**
Leer la prensa	**6**
«Juegos»	**4**

Vistazos

Actividades para el fin de semana

Vocabulario esencial: ¿Qué hace una persona los sábados?

Talking About Someone's Weekend Routine

*Actividad A   Sábados o domingos

You will hear a short description of the weekend activities of Blanca Cuervo, an exchange student from Ecuador. Indicate whether Blanca does each activity on Saturdays, Sundays, or if it's not mentioned.

	SÁBADOS	DOMINGOS	NO SE MENCIONA
1. Baila en una discoteca.	☐	☐	☐
2. Asiste a un concierto de música clásica.	☐	☐	☐
3. Limpia su casa.	☐	☐	☐
4. Va a la iglesia.	☐	☐	☐
5. Saca vídeos.	☐	☐	☐
6. Charla por teléfono con su familia.	☐	☐	☐
7. Estudia en casa.	☐	☐	☐
8. Escucha música.	☐	☐	☐
9. Toma café.	☐	☐	☐
10. Va de compras.	☐	☐	☐
11. Da un paseo por el *campus*.	☐	☐	☐

*Actividad B   Causa y efecto

Match the effects in column A with their logical causes in column B.

A

1. _____ Marta no puede dormir bien porque...
2. _____ Alex limpia su apartamento porque...
3. _____ Pati va a la iglesia porque...
4. _____ Virginia corre cinco millas porque...
5. _____ Gustavo saca vídeos porque...
6. _____ Conchita no juega al tenis porque...
7. _____ Ramón se queda en casa porque...
8. _____ Diego va de compras porque...

B

a. se prepara para una carrera (*race*).
b. es estudiante de cinematografía.
c. toma mucho café.
d. no le gusta competir con otras personas.
e. tiene mucha tarea.
f. su madre viene de visita.
g. hoy es domingo.
h. mañana es el cumpleaños (*birthday*) de su compañero de cuarto.

*Actividad C   Asociaciones

What activity do you associate with each of these items or concepts? Phrase your activity using an infinitive verb form.

MODELO   Endust → limpiar la casa (el apartamento)

1. Maytag _____

2. VHS _____

3. el parque _____

4. Nike o Reebok _____

5. Windex _____

6. el centro comercial (*shopping center, mall*) _____

7. la pereza (*laziness*) _____

Vocabulario esencial: ¿Con qué frecuencia? (II)

More About Discussing
Frequency of Activities

*Actividad D   ¿Qué hace... ?

Match each statement below with the person it best describes.

1. _____ Esta persona aparece en programas de
televisión; siempre hace ejercicio.

2. _____ Esta persona es cantante (*singer*) pero
pocas veces canta en público.

3. _____ Esta persona practica el béisbol; es de la
República Dominicana.

4. _____ Esta persona nunca oculta (*hides*) sus
opiniones; siempre las expresa.

5. _____ Esta persona y su esposo salen en las películas
(*movies*) con frecuencia.

a. Sammy Sosa
b. Richard Simmons
c. Nicole Kidman
d. Barbra Streisand
e. Whoopi Goldberg

Actividad E   ¿Te gusta la soledad°?

solitude

Do you prefer to do a lot of things with friends or by yourself (**a solas**)? Take the following quiz and find out. Respond to each statement based on the scale.

	NUNCA 1	RARAS VECES 2	A VECES 3	CON FRECUENCIA 4	SIEMPRE 5
1. Saco vídeos y me quedo en casa.	☐	☐	☐	☐	☐
2. Voy a una fiesta con amigos.	☐	☐	☐	☐	☐
3. Doy un paseo a solas.	☐	☐	☐	☐	☐
4. Ceno con amigos.	☐	☐	☐	☐	☐
5. Hago ejercicio a solas.	☐	☐	☐	☐	☐

	NUNCA 1	RARAS VECES 2	A VECES 3	CON FRECUENCIA 4	SIEMPRE 5
6. Estudio con amigos.	☐	☐	☐	☐	☐
7. Miro la televisión a solas.	☐	☐	☐	☐	☐
8. Voy de compras con amigos.	☐	☐	☐	☐	☐

Now add up your scores on the even-numbered statements and compare them with your scores on the odd-numbered statements. If the even-numbered total is higher, you prefer to be with others. If the odd-numbered total is higher, you're more of a loner. Are you surprised by your scores?

Vocabulario esencial: ¿No haces nada?

Negation and Negative Words

Actividad F   Yo...

You will hear a series of statements about things the speaker never does. Respond with a true statement about yourself.

MODELO   (*you hear*) Yo nunca hago ejercicio. →
　　　　　(*you say*) Yo tampoco hago ejercicio.
　　　　　　　or Pues, yo sí.

1...　2...　3...　4...　5...　6...　7...　8...

Actividad G   El profesor (La profesora)

Write five statements about your instructor using **nunca** or **jamás.** You may select activities from the list below or come up with your own. If there is time during the next class, ask your instructor if the statements are accurate.

asistir a conciertos	dormir en la oficina	ir a la iglesia
correr	bailar en discotecas	acostarse tarde
dar paseos	tomar café	levantarse temprano

1. _____

2. _____

3. _____

4. _____

5. _____

Actividad H   Preguntas

For each question, select the response that best expresses your opinion.

1. ¿Tienes algún método para estudiar español?

　　☐ Sí, tengo un método.

　　☐ No, no tengo ningún método en particular.

2. ¿Haces mucho ejercicio para reducir la tensión?

　　☐ Sí, hago ejercicio.

　　☐ No, no hago nada.

3. ¿Tienes alguna opinión personal sobre la situación política en los Estados Unidos?

   ☐ Sí, tengo mi opinión.

   ☐ No, no tengo ninguna opinión.

4. ¿Consultas con un amigo cuando tienes problemas (personales, con tus estudios, etcétera)?

   ☐ Sí, consulto con un amigo.

   ☐ No, no consulto con nadie.

5. ¿Haces algo para resolver los problemas del medio ambiente (*environment*)?

   ☐ Sí, hago algo.

   ☐ No, no hago nada.

Comunicación

Para entregar   Yo tampoco / Yo sí

Paso 1 Unscramble the following sentence segments, adding any necessary words and using correct verb forms to make complete statements.

> MODELO   lavar la ropa / sábados / nadie →
> Nadie lava la ropa los sábados.

1. estudiante típico / viernes / estudiar / jamás
2. conferencias / nadie / asistir a / domingos
3. tomar / nadie / café / a medianoche (*midnight*)
4. nada / estudiante típico / hacer / no / domingos
5. por la mañana / ir de compras / nadie
6. ningún / problema con los estudios / tener / nunca / estudiante típico
7. tener / estudiante típico / lunes / clase / ninguna

Paso 2 Following each statement you wrote for **Paso 1**, indicate whether the statement is true for you using **Yo tampoco** or **Yo sí.**

Vistazos

Las otras personas

Gramática esencial: ¿Qué hacen?   Talking About the Activities of Two or More People

*Actividad A   Los domingos

Listen as the speaker makes a statement about what many families do on Sundays. Stop the audio program and write down the sentence you hear and place a checkmark next to the ones that are true for your family. (You can check your spelling and rendition of the sentence in the *Answer Key*.)

1. ☐ _____

2. ☐ _____

3. ☐ _____

4. ☐ _____

5. ☐ _____

6. ☐ _____

7. ☐ _____

8. ☐ _____

9. ☐ _____

10. ☐ _____

*Actividad B   Rafael y Jesús

Listen as the speaker gives the activities and schedule for two students who live together. Afterward, fill in each sentence with the correct information. Be sure to note the third-person verb forms. You may listen more than once.

1. Rafael y Jesús tienen clases de biología y _____.

2. Nunca se acuestan antes de (*before*) las _____ de la mañana.

3. Se levantan a las _____ de la mañana.

4. Los _____ no tienen clases.

5. En casa, Rafael _____ la ropa y Jesús _____ el apartamento.

6. Los _____ juegan al tenis.

7. También van al _____.

*Actividad C   La Ciudad de México

What do people in Mexico City do on weekends? Where do they go? What time do they get up? What time do they eat lunch? Select from among the verbs and write out the paragraph about life in Mexico City. (One verb will be used twice.)

almuerzan	charlan	se acuestan
asisten	dan	toman
cenan	juegan	van

La Ciudad de México abunda (*abounds*) en actividades y atracciones. Los fines de semana ofrecen muchas diversiones a los residentes. Los viernes por la noche muchas personas _____[1] al cine y después _____[2] en un restaurante. Los sábados muchas personas _____[3] a la 1.00 o a las 2.00. Después _____[4] de compras en la zona histórica. Por la noche algunas personas _____[5] al Ballet Folklórico y otras a un concierto. _____[6] a medianoche o a la 1.00. Los domingos por la tarde muchas personas _____[7] un paseo por el parque de Chapultepec si hace buen tiempo (*if it's good weather*). En el parque _____[8] con sus amigos y _____[9] café. Muchos niños _____[10] al fútbol. En general, los residentes de la Ciudad de México se divierten (*have fun*) y descansan (*rest*) los fines de semana.

Gramática esencial: ¿Qué hacemos nosotros?

Actividad D   Todos los días

*Paso 1   Listen to the couple on the audio program tell about their daily routine. Stop the audio program after each statement and write down what you've heard.

_____

_____

_____

_____

_____

_____

_____

_____

_____

_____

*Paso 2   Number the events in the order in which they probably occur.

Paso 3   Now check the *Answer Key* to see in what order these events occur. How close is your order? Did you spell everything correctly?

*Actividad E   En la clase de español...

The questions that follow are addressed to you as the representative of your Spanish class. Answer each one using complete sentences. Remember to use the **nosotros** form of the verb.

1.   ¿Tienen que levantar* la mano (*raise your hand*) para hablar en clase?

_____

2.   ¿Hacen Uds. muchas actividades en grupos de dos o tres?

_____

3.   ¿Escriben muchas composiciones fuera de (*outside of*) clase?

_____

4.   ¿Escuchan música latina en clase?

_____

5.   ¿Hablan únicamente en español?

_____

_____

* You know **levantarse** means *to get up*. Nonreflexive **levantar** means *to raise, lift up*. **Despertarse** means *to wake up*; **despertar** means *to wake someone else up*.

6. ¿Pueden usar libros durante los exámenes o las pruebas?

   _____

7. ¿Siempre se quedan en el salón de clase (*classroom*) o a veces se van a otro lugar (*place*)?

   _____

Gramática esencial: ¿A quién le gusta... ?

More About Likes and Dislikes

*Actividad F   ¿Cuál es?

Paso 1   *¿Le o les?*

1. A la persona típica no _____ gusta dormirse en clase.

2. A la profesora de español _____ gusta cantar (*to sing*) y bailar.

3. A los atletas _____ gusta levantar pesas.

4. A mi amiga _____ gusta correr cuatro millas al día.

5. A los estudiantes no _____ gusta estudiar los sábados.

6. A los médicos (*doctors*) _____ gusta jugar al golf.

Paso 2   *¿Gusta o gustan?*

1. Según una encuesta (*survey*) reciente, cincuenta (50) de cada cien (100) personas dicen que no les

   _____ usar despertador para despertarse por la mañana.

2. Al estudiante típico no le _____ los exámenes finales.

3. A muchas personas en los Estados Unidos les _____ la comida (*food*) mexicana.

4. A muchos estudiantes les _____ tomar café cuando estudian.

5. Un artículo reciente dice que a las mujeres les _____ los carros deportivos.

6. Al niño típico no le _____ el brócoli.

Actividad G   Los estudiantes universitarios frente a los jubilados°

frente... *versus retired people*

What do you think is true for these two groups of people? Mark each statement accordingly.

	LOS ESTUDIANTES UNIVERSITARIOS	LOS JUBILADOS
1. A estas personas no les gusta pasar el sábado en quehaceres domésticos (*household chores*) como, por ejemplo, limpiar la casa.	☐	☐
2. A estas personas les gusta quedarse en casa los viernes por la noche.	☐	☐
3. A estas personas les gusta pasar los fines de semana en la playa (*beach*).	☐	☐
4. A estas personas no les gusta el cine por la violencia.	☐	☐

	LOS ESTUDIANTES UNIVERSITARIOS	LOS JUBILADOS
5. A estas personas les gusta sacar vídeos los fines de semana.	☐	☐
6. A estas personas les gustan las barbacoas.	☐	☐
7. A estas personas les gusta recibir visitas (*to receive visitors*).	☐	☐
8. A estas personas no les gusta hacer ejercicio.	☐	☐

Actividad H   Isabel y sus amigos

*Paso 1   Listen to the person on the audio program make statements about her friends and herself. After her introductory statements, write each statement as you hear it.

1. _____

2. _____

3. _____

4. _____

5. _____

6. _____

7. _____

8. _____

Paso 2   What is your opinion of this person and her friends?

☐ ¡Qué criticones! No les gusta nada.

☐ Son típicos. Les gustan algunas cosas y no les gustan otras.

☐ ¡Qué buena gente! Les gusta todo.

Comunicación

Para entregar   Nos gusta...

Speak for the class! Complete each statement using **pero, y, porque,** or **por eso.**

> MODELO   Nos gusta la clase, _____. →
> Nos gusta la clase, pero estamos nerviosos cuando hablamos.
> *or*   Nos gusta la clase, y por eso siempre asistimos.
> *or*   Nos gusta la clase, porque creemos que el español es interesante.

1. Nos gustan los viernes, _____.

2. No nos gustan los lunes, _____.

3. Nos gusta practicar el español fuera de clase, _____.

4. No nos gusta levantarnos temprano, _____.

5. Nos gustan los partidos de fútbol, _____.

6. Nos gusta ir a fiestas, _____.

7. Nos gustan los días en que trabajamos en grupos en la clase de español, _____.

Vistazos

El tiempo y las estaciones

Vocabulario esencial: ¿Qué tiempo hace?

Talking About the Weather

*Actividad A   El tiempo

Circle the letter of the response that best matches or completes each description.

1. Cuando hace mal tiempo, _____.

   a. hace sol   b. está despejado   c. está nublado

2. Cuando está nublado y llueve, muchas veces también _____.

   a. hace sol   b. hace viento   c. hace buen tiempo

3. Cuando hace buen tiempo, hace calor y _____.

   a. llueve   b. está nublado   c. hace sol

4. Cuando no hace calor, pero tampoco hace frío, decimos que _____.

   a. hace fresco   b. hace sol   c. está nublado

5. En Seattle, _____.

   a. nieva mucho   b. llueve mucho   c. hace mucho calor

Actividad B   Más sobre el tiempo

You will hear five definitions or descriptions related to the weather. For each, two possible responses are given. Listen carefully and then say the correct response for each.

MODELO   (*you see*) a. Está despejado. b. Llueve.
(*you hear*) Esta frase describe un día que no está nublado. →
(*you say*) Está despejado.
(*you hear*) Está despejado. Cuando no está nublado, está despejado.

1. a. Hace buen tiempo. b. grados centígrados

2. a. Hace sol. b. Nieva.

3. a. Hace fresco. b. Hace sol.

4. a. Hace viento. b. Hace buen tiempo.

5. a. Está nublado. b. grados centígrados

Vocabulario esencial: ¿Cuándo comienza el verano?

Talking About
Seasons of the Year

*Actividad C   Las estaciones y el tiempo

You will hear a series of descriptions about the weather. Write the number of each description below the picture that illustrates the weather described. (The second line is for **Actividad D.**)

a.

_____
_____

b.

_____
_____

c.

_____
_____

d.

_____
_____

e.

_____
_____

*Actividad D ¿Qué estación es?

Look at the pictures in **Actividad C.** Each description you listened to mentioned a season. Can you identify the season that each picture represents? You may listen to the audio program again if you wish. Below each picture, write the name of the season in Spanish.

*Actividad E Los meses

Circle the month that best completes each sentence.

1. El Día de los Enamorados (el Día de San Valentín) es en _____.

   a. mayo   b. febrero   c. marzo

2. Los meses son: _____, febrero, marzo, etcétera.

   a. agosto   b. junio   c. enero

3. El mes anterior a agosto es _____.

   a. junio   b. julio   c. mayo

4. El mes posterior a marzo es _____.

   a. septiembre   b. junio   c. abril

5. En el hemisferio norte los meses de otoño son: septiembre, octubre y _____.

   a. noviembre   b. diciembre   c. agosto

*Actividad F Una conversación

You will hear a conversation between Eduardo and María, business associates who live in different places. They are discussing the weather where María lives. After listening, answer the following questions. You may listen more than once if necessary.

1. ¿Qué tiempo hace donde está María? _____

2. Hace buen tiempo donde está Eduardo. ¿Probable o improbable? _____

3. ¿En qué hemisferio está María, en el norte o en el sur? _____

Comunicación

Para entregar ¿Qué tiempo hace allí?

The weather is different in many places at any given time. It varies from state to state, country to country, and hemisphere to hemisphere. Copy and complete the following sentences as logically as possible, taking into account where each place is.

MODELO· En el mes de enero, _hace frío y nieva_ en el Canadá.

1. En el mes de agosto, _____ en Florida.

2. En el mes de julio, _____ en la Argentina.

3. En el mes de junio, _____ en Alaska.

4. En el mes de diciembre, _____ en Chile.

5. En el mes de noviembre, _____ en Cuba.

6. En el mes de abril, _____ en el estado de Washington.

7. En el mes de febrero, _____ en Colombia.

PRONUNCIACIÓN:
¿Es *b* de burro o *v* de vaca?

The Letters *b* and *v*   In listening to the speakers on the audio program or in listening to your instructor, have you noticed that the letters **b** and **v** are pronounced the same way? Unlike English, in which **b** and **v** represent distinct sounds, in Spanish **b** and **v** are not distinct. The sounds they represent follow a particular pattern. Both **b** and **v** are pronounced with a "hard" sound at the beginning of a sentence, after a pause, and after the consonants **m, n,** and **l.** This hard sound is similar to the **b** in English *boy* or *bat*.

 Listen as the following words are pronounced.

   biología   **v**einte   hom**b**re   el **v**icio

Everywhere else, and especially after a vowel, **b** and **v** are pronounced as a "soft" sound that has no English equivalent. The sound is formed by pressing the lower lip toward the upper lip, but allowing air to pass through. It is *not* the same as English *v*, which is made by placing the upper teeth on the lower lip. If you have difficulty making this sound, ask your instructor for help.

la **b**iología   y **v**einte   muy **b**ien   tra**b**ajar

Because **b** and **v** represent the same sound pattern, native speakers of Spanish often ask when spelling a new word

—¿Es **b** de **burro** o **v** de **vaca?**

meaning *Is that* **b** *as in* **burro** *or* **v** *as in* **vaca** (*cow*)?

 Actividad A Pronunciación: *b, v*

Listen to the speaker and note the pronunciation pattern of **b** and **v.**

At the beginning of a sentence versus after a vowel

1. ¿Viene Manuel? No, no viene.
2. Viviana es de Miami. No conozco a Viviana.
3. Buenos días. Tengo muy buenos profesores.

After **m, n,** or **l** versus after a vowel or another consonant

4. ¿Cuántos son veinte más diez? ¿Hay veinte estudiantes?
5. ¿Son buenas tus clases? Las buenas clases...
6. él viene, ella viene

Within a word, after a vowel

7. el laboratorio
8. el sábado
9. los tréboles (*clovers*)
10. viven (*they live*)

If in items 4 through 6 above you thought you heard an **m** sound instead of an **n** sound in **so<u>n</u> buenos** and **so<u>n</u> veinte,** you were correct! For most speakers, the nasal consonant **n** takes on the qualities of **m** before **b** and **v** in anticipation of the rounding of the lips.

Actividad B Algo más sobre *b, v*

Listen as the speaker reads these lines from a well-known poem by the poet and dramatist Federico García Lorca (1898–1936), who died during the Spanish Civil War. Note the use of the hard and soft **b** sounds.

Romance sonámbulo*

Verde que te quiero verde.
Verde viento. Verdes ramas.
El barco sobre la mar
y el caballo en la montaña.

_____

*A rough but literal translation is *Green how much I want you green. / Green wind. Green branches. / The boat on the sea / and the horse on the mountain.*

PRONUNCIACIÓN: *d, g*

The pronunciation of the letters **d** and **g** follows the same pattern as **b/v**. A hard **d**, as in *dog*, *ditch*, is used at the beginning of sentences, after a pause, and after **n** or **l**. A soft **d**, much like the *th* in *father* and *another*, occurs everywhere else, especially between vowels.

> ¿**D**ónde? ¿De **d**ónde?
> **D**os. ¿Hay **d**os?

G is pronounced similarly to the *g* of *go* and *gotcha* at the beginning of an utterance, after a pause, and after **n**. A soft **g**, with no equivalent in English, occurs everywhere else. It is formed much like the hard **g**, but the tongue does not quite touch the back part of the roof of the mouth, so the flow of air is not stopped.

> **G**ato. Dos **g**atos.
> **G**onzález. Pa**g**ar.

In addition, when followed by **e** or **i**, **g** is pronounced like English *h*. (In some dialects the sound is harsher and is articulated more in the back of the mouth than in the throat.) To indicate that a **g** followed by **e** or **i** is pronounced like the *g* in *go*, a **u** is inserted between **g** and **e** or **i**. Some beginning students of Spanish think that the **gue** and **gui** combinations are pronounced with a *w* sound as they would be in English with the names McGuire and Guenevere. Remember that when you see the **gue** or **gui** combination, the **u** is silent and the **g** is pronounced "hard" as in English *gate* and *go*.

> biolo**g**ía   **gu**ía
> inteli**g**ente   una **gu**erra

Actividad C   Pronunciación: *d, g*

Listen to the speaker and note the pronunciation patterns for **d** and **g**.

1. dónde / de dónde
2. el día / unos días
3. diez / a las diez de la mañana
4. durante la tarde / y durante la noche
5. todos los días
6. nada / todo /adiós / usted / verdad
7. gusta / me gusta / les gusta
8. guía / una guía telefónica (*phone book*)
9. agua / ego / igual / algo
10. genética / geometría

It is interesting to note that the softening of **b**, **d**, and **g** between vowels within a word and at the ends of words has been taken to such extreme by some speakers that the consonants are imperceptible or deleted. Thus, in some dialects, you may hear words such as **nada** pronounced as **na'**, **verdad** pronounced as **verda'**, and **agua** pronounced as **awa.** In *Vistazos* more conventional pronunciations will be used.

Prueba de práctica

In this lesson

- you learned vocabulary related to weekend activities
- you learned vocabulary related to weather and seasons
- you learned the plural forms of present-tense verbs
- you learned how to express negation in Spanish
- you reviewed the use of **gustar** and more on expressing likes and dislikes

*A. Select the word that is most logically related to the underlined phrase in each sentence.

1. Juan siempre <u>toma mucho café</u> mientras (*while*) estudia.

   a. el lápiz   b. la biblioteca   c. la cafeína

2. Los estudiantes de español aprenden a <u>bailar</u> los ritmos latinos.

   a. el mercado   b. el tango   c. la oficina

3. Adriana <u>charla</u> con su familia los domingos.

   a. el calor   b. el carro   c. el teléfono

4. Toda la familia <u>da un paseo</u> los domingos por la tarde.

   a. el parque   b. hace frío   c. el supermercado

5. Andrés <u>lava su ropa</u> cuando visita a su familia.

   a. el sol   b. el detergente   c. el verano

6. A muchas personas les gusta <u>nadar</u> cuando hace buen tiempo.

   a. el océano   b. la computadora   c. la montaña

7. Algunas personas prefieren <u>sacar un vídeo</u> más que ir al cine.

   a. el restaurante   b. la casa   c. la escuela

*B. Fill in the blanks with vocabulary and expressions related to months, weather, and seasons.

El clima en Chile es muy diverso a causa de su extensión en latitud. En el norte, en el desierto de

Atacama, _____[1] muy poco: casi no hay precipitación. Aunque (*Although*) es desierto, en

Atacama no _____:[2] la temperatura mediana es de 16ºC. Al otro extremo, en el sur

(*south*) existe un clima subpolar donde _____,[3] con temperaturas entre 8° y 11ºC. Lo que

muchos no recuerdan (*remember*) es que en el hemisferio del sur, las estaciones no corresponden a las

del hemisferio del norte. Durante los meses de _____,[4] _____[5] y agosto, no

es verano en Chile sino (*but rather*) _____.[6] En las altas montañas cerca de Santiago,

_____[7] con frecuencia, ofreciendo al esquiador (*skier*) experto un lugar exquisito donde

practicar su deporte. Los meses de _____,[8] _____[9] y febrero forman el

_____.[10]

C. Complete the following sentences by writing what you and a friend do when the following things happen. **¡OJO!** Remember to use the **nosotros/as** form of the verb.

1. Cuando queremos ver una película de Woody Allen, con frecuencia _____.

2. Cuando tenemos un examen muy difícil, a veces _____.

3. Para celebrar un día especial, de vez en cuando _____.

4. Después de una fiesta, pocas veces _____.

5. Cuando vemos a un amigo por la calle, siempre _____.

6. Cuando queremos hacer una actividad física, _____.

7. Cuando llueve los sábados, de vez en cuando _____.

8. En verano cuando no tenemos clase, a veces _____.

D. Listen as the speaker on the audio program makes a series of statements about your Spanish class. Answer them orally by stating **cierto** or **falso.**

1...   2...   3...   4...   5...   6...   7...

E. Imagine that a reporter for a Hispanic newspaper is writing a profile of your university and you are one of five students selected to speak on behalf of the student body. Below are some of the questions you are to answer. Provide complete and useful information for the article.

1. ¿A los estudiantes les gusta la diversidad de clases que se ofrece (*is offered*) o prefieren mayor selección?

   _____

2. ¿Cuál es la especialización favorita de los estudiantes?

   _____

3. ¿Y les gustan a los estudiantes las actividades extraescolares?

   _____

4. ¿Cuáles son los deportes más populares?

   _____

5. ¿Qué les gusta hacer a Ud. y a sus amigos los fines de semana?

   _____

3

¿QUÉ HICISTE AYER?

In this lesson of the Manual you will review and continue to practice what you have learned in class. The goals of this lesson are

■ to learn more about your daily and weekend activities and those of friends, instructors, and others

■ to review the forms of the preterite-tense verb system in Spanish

Vistazos

Vocabulario esencial: ¿Qué hizo Alicia ayer?

Talking About Activities in the Past

*Actividad A   La noche de María

Paso 1   In column A are statements describing some things María did last night. Match each with the phrase or object in column B that most logically accompanies María's action.

Anoche María...

A

1. _____ llamó a unos amigos.

2. _____ preparó una cena americana.

3. _____ fue al gimnasio.

4. _____ se duchó.

5. _____ salió del trabajo.

6. _____ leyó un libro.

7. _____ pagó unas cuentas.

8. _____ se acostó tarde.

B

a. ejercicio aeróbico
b. las 5.30 de la tarde
c. jabón (*soap*) y champú
d. el teléfono
e. la cama (*bed*)
f. dinero
g. *Don Quijote*
h. una hamburguesa con papas fritas (*french fries*)

 Paso 2   Now put the events in the most logical order. Which activities did María have to do before completing others and which activities could she have done at any time?

*Actividad B   ¿Qué características?

Listen to a short description of how Ángel, a student from Puerto Rico, spent his weekend. Then decide which of the following statements apply to him.

	SÍ	NO
1. Dedica los domingos a hacer ejercicio.	☐	☐
2. Es aficionado a (*He is a fan of*) la música.	☐	☐
3. Es un estudiante muy diligente.	☐	☐
4. Es una persona muy antisociable.	☐	☐
5. Prefiere la comida rápida; no le gusta preparar la cena.	☐	☐
6. Es estudiante de ciencias.	☐	☐

Gramática esencial: ¿Salió o se quedó en casa?

*Actividad C   ¿Presente o pretérito?

Indicate whether the speaker is talking about someone's activities in the present or in the past by checking the box in the appropriate column.

MODELO   (*you hear*) Desayunó en casa. →
          (*you check*) pretérito

	PRESENTE	PRETÉRITO
1.	☐	☐
2.	☐	☐
3.	☐	☐
4.	☐	☐
5.	☐	☐
6.	☐	☐
7.	☐	☐
8.	☐	☐
9.	☐	☐
10.	☐	☐
11.	☐	☐
12.	☐	☐

*Actividad D   Ayer por la tarde...

Paso 1   Unscramble the sentences and conjugate the verbs to reveal what someone did yesterday afternoon.

1. con dos amigas / salir a almorzar / esta persona / a las 12.00

   _____

2. a la 1.30 / al trabajo / volver

   _____

3. leer / sus mensajes (*messages*) / cuando llegar

   _____

4. escribir una carta (*letter*) importante / firmar (*to sign*) un contrato / luego / en su oficina

   _____

5. en Europa / hablar por teléfono / con un cliente / a las 4.00

   _____

Paso 2 ¿A quién se refiere en el **Paso 1?**

☐ a una estudiante universitaria

☐ a una profesora

☐ a una secretaria

☐ a la presidenta de una compañía

*Actividad E   ¿Un diálogo?

Read the following dialogue in which a doctor inquires about a patient's daily routine. Then fill in the questions the doctor has asked the patient. (Note: The patient will use the **yo** form of verbs.) Remember to check your answers in the *Answer Key*.

PACIENTE: Doctor, no tengo mucha energía. Siempre quiero dormir mucho. ¿Puede decirme por qué?

DOCTOR: Necesito hacerle unas preguntas sobre su rutina diaria. ¿Fue ayer un día típico para Ud.?

PACIENTE: Sí.

DOCTOR: ¿A qué hora se levantó?

PACIENTE: Me levanté a las seis, como todos los días.

DOCTOR: ¿_____?[1]

PACIENTE: Desayuné cereal y café.

DOCTOR: ¿_____?[2]

PACIENTE: Sí, trabajé de ocho a seis, como todos los días.

DOCTOR: ¿_____?[3]

PACIENTE: No, no tuve tiempo de almorzar. Trabajé todo el día.

DOCTOR: Es muy malo no almorzar. ¿_____?[4]

PACIENTE: Cené cuando regresé a casa.

DOCTOR: ¿_____?[5]

PACIENTE: Por la noche trabajé en casa, pagué las cuentas y lavé la ropa.

DOCTOR: ¿_____?[6]

PACIENTE: Me acosté a las doce, pero no pude dormirme hasta las dos.

DOCTOR: Es obvio que necesita descansar (*to rest*) más. ¡No tiene energía porque trabaja mucho y no duerme lo suficiente!

Gramática esencial: ¿Salí o me quedé en casa?

*Actividad F   ¿Él/Ella o yo?

Listen as the speaker says a verb form. Can you distinguish **yo** from **él/ella** forms?

MODELO   (*you hear*) saqué →
(*you select*) yo   él/ella
☑   ☐

	yo	él/ella			yo	él/ella
1.	☐	☐		6.	☐	☐
2.	☐	☐		7.	☐	☐
3.	☐	☐		8.	☐	☐
4.	☐	☐		9.	☐	☐
5.	☐	☐		10.	☐	☐

Actividad G   ¡Di la verdad!

What did you do yesterday? For each of the following statements, mark **sí** or **no,** whichever is more accurate for you.

		SÍ	NO
1.	Fui al supermercado.	☐	☐
2.	Lavé la ropa.	☐	☐
3.	Asistí a la clase de español.	☐	☐
4.	Hice ejercicio aeróbico.	☐	☐
5.	Escribí una carta.	☐	☐
6.	Estudié en la biblioteca.	☐	☐
7.	Salí con mis amigos.	☐	☐
8.	Cené en casa.	☐	☐
9.	Me acosté tarde.	☐	☐
10.	Vi una película (*movie*) en el cine.	☐	☐
11.	Tuve un examen.	☐	☐

*Actividad H   El fin de semana pasado

Listen as you hear what the speaker did last weekend. What item or concept do you associate with each activity? Circle the correct answer.

MODELO   (*you hear*) Lavé la ropa. →
(*you select*) ⓐ Maytag   b. Sony   c. Panasonic

1. a. la televisión   b. Macintosh   c. Maytag

2. a. Ford   b. Sony   c. GE

3. a. Chevrolet b. Nike c. tarjeta de crédito

4. a. AT&T b. Nike c. IBM

5. a. Ford b. el radio c. MGM

6. a. Maytag b. RCA c. Toyota

7. a. el despertador b. Kraft c. Nike

8. a. Panasonic b. MGM c. Toyota

9. a. Ford b. IBM c. Sony

10. a. Stephen King b. Maytag c. Nike

 *Actividad I El miércoles pasado

Listen as you hear what the speaker did last Wednesday. The statements are incomplete; select the most logical completion for each one. Listen more than once if you'd like.

> MODELO (*you hear*) El miércoles pasado me desperté a las 6.30 pero... →
> (*you select*) ☑ me quedé en cama otra media hora antes de levantarme.
> ☐ desayuné café y cereal.

1. a. ☐ hablé por teléfono con un amigo.

   b. ☐ tuve que ducharme (*take a shower*) antes de ir a clase.

2. a. ☐ desayuné café y cereal.

   b. ☐ me vestí y miré la televisión antes de salir.

3. a. ☐ fui a la universidad en carro.

   b. ☐ lavé mi carro.

4. a. ☐ jugué con mis gatos.

   b. ☐ corrí a mi clase.

5. a. ☐ tampoco la vi a ella (*I didn't see her either*). Choqué (*I collided*) con la profesora en el corredor.

   b. ☐ empecé la clase. Hablé con la profesora en la clase.

6. a. ☐ le dije: «Perdón, profesora.»

   b. ☐ tuve mucha tarea.

Comunicación

Para entregar Una entrevista

Imagine that you are being interviewed by the school newspaper. The reporter is writing an article on the typical day of a typical student. Answer the reporter's questions on a separate sheet of paper with information about what you did yesterday or the most recent class day. Give as much information as possible.

1. ¿A qué hora se levantó Ud.?
2. ¿Desayunó?
3. ¿Asistió a clases?
4. ¿Almorzó en la universidad?
5. ¿Estudió en la biblioteca?
6. ¿Practicó algún deporte o hizo ejercicio?
7. ¿Tuvo tarea?
8. ¿Cuándo volvió a su casa?
9. ¿Y a qué hora se acostó?

Vistazos

Ayer y anoche (II)

Gramática esencial: ¿Qué hiciste anoche?

Talking to a Friend About What He or She Did Recently

Actividad A   ¿Padres o profesores?

Which of the following questions might an instructor ask of a student? Which ones might a parent ask of a child? Do some apply to both?

	PROFESOR(A)	PADRE (MADRE)
1. ¿Hiciste la tarea?	☐	☐
2. ¿Hiciste la cama (*bed*)?	☐	☐
3. ¿Comiste las verduras (*vegetables*)?	☐	☐
4. ¿Fuiste al laboratorio de lenguas?	☐	☐
5. ¿Estudiaste para el examen?	☐	☐
6. ¿Por qué no estuviste en clase ayer?	☐	☐
7. ¿Lavaste los platos (*dishes*)?	☐	☐
8. ¿Limpiaste tu cuarto?	☐	☐
9. ¿Buscaste el libro en la biblioteca?	☐	☐
10. ¿No hiciste la tarea?	☐	☐

*Actividad B   ¿Tú o Ud.?

The speakers are going to ask you a series of questions using either **tú** or **Ud.** What is each person's relationship to you? Are they socially distant or not?

MODELO   (*you hear*) ¿Estudió anoche? →
(*you say*) *There is social distance.*   (**Ud.** *is used.*)

1...   2...   3...   4...   5...   6...   7...

Actividad C   Entrevista

Read the following interview. For each missing interview question, select the logical question from the choices that appear after the interview. Then listen to the actual interview and see if you are correct. Turn off the audio program now while you read and make your choices.

PALOMA PICASSO

ENTREVISTADOR: Buenos días y bienvenidos a este programa. Hoy tenemos el placer de charlar con Paloma Picasso. Bienvenida, Paloma.

PALOMA PICASSO: Gracias. Es un placer.

ENTREVISTADOR: Paloma, eres hija del famoso pintor español Pablo Picasso, ¿verdad?

PALOMA PICASSO: Sí, es cierto.

ENTREVISTADOR: Pero tu madre era (*was*) francesa. ¿Dónde naciste (*were you born*)?

PALOMA PICASSO: Nací en Francia.

ENTREVISTADOR: ___(1)___

PALOMA PICASSO: Pasé la niñez en Francia y en la Costa Azul de España.

ENTREVISTADOR: ¿Viviste en una casa grande?

PALOMA PICASSO: Sí, la casa en España era muy grande.

ENTREVISTADOR: ___(2)___

PALOMA PICASSO: Estudié en Francia. Estudié en el liceo de Neuilly y después en la Universidad de Nanterre, cerca de París.

ENTREVISTADOR: Hablas español, inglés y francés. ___(3)___

PALOMA PICASSO: No, lo aprendí en Inglaterra (*England*), donde iba (*I used to go*) para las vacaciones.

ENTREVISTADOR: ___(4)___

PALOMA PICASSO: Creo que lo supe cuando era muy pequeña (*young*). Comencé a dibujar cuando era niña.

ENTREVISTADOR: ¿Diseñas joyas (*Do you design jewelry*) para Tiffany?

PALOMA PICASSO: Sí, mis diseños se venden (*are sold*) en una boutique especial en Londres.

ENTREVISTADOR: También creaste un perfume, ¿verdad?

PALOMA PICASSO: Sí, y diseñé el frasco (*bottle*).

ENTREVISTADOR: ___(5)___

PALOMA PICASSO: Lo conocí hace quince años, cuando salí de la universidad y comencé a trabajar. Me casé (*got married*) en 1978.

ENTREVISTADOR: ¿Cómo conociste a tu esposo, Rafael López Sánchez?

PALOMA PICASSO: Él es escritor. Leí algunos de sus dramas y me gustaron. Les pedí a unos amigos que me lo presentaran (*introduce me*).

ENTREVISTADOR: Es una historia muy bonita. Gracias por estar en el programa, Paloma.

PALOMA PICASSO: De nada. Adiós.

---

1. □ ¿Dónde pasaste la niñez?

   □ ¿Dónde estuviste en España?

2. □ ¿A qué escuela asististe?

   □ ¿Qué estudiaste en la escuela?

3. □ ¿Fuiste a otras partes de España?

   □ ¿Aprendiste el inglés en la escuela?

4. □ ¿Cuándo supiste que querías (*you wanted*) ser diseñadora?

   □ ¿Cuándo comenzaste a hablar inglés?

5. □ ¿Cuándo conociste a tu esposo?

   □ ¿Cuándo saliste de la universidad?

Gramática esencial: ¿Salieron ellos anoche?

Talking About What Two or More People Did Recently

*Actividad D ¿Por qué?

The speaker will read the first part of a sentence. Its logical conclusion is in the list below. Read the list and then listen to the incomplete sentences on the audio program and choose the best conclusion for each. The incomplete sentences will be read twice.

1. ____
2. ____
3. ____
4. ____
5. ____
6. ____
7. ____

a. ...su hijo tuvo un accidente automovilístico.
b. ...asistieron a una fiesta la noche anterior.
c. ...publicaron un libro.
d. ...descubrieron (*they discovered*) un nuevo antibiótico.
e. ...tuvieron un examen de estadística.
f. ...su amigo se graduó de la universidad.
g. ...perdieron (*they missed*) el autobús.

*Actividad E ¡Es cierto!

Below are a series of incomplete statements that will be true when you select the right phrase to fill in the blank!

1. Los Beatles _____ a los Estados Unidos en los años 60.

   a. llegaron   b. escucharon

2. Los hermanos Wright _____ el primer avión.

   a. hicieron   b. compraron

3. Óscar Arias y Rigoberta Menchú _____ el premio Nobel de la Paz.

   a. recibieron   b. entregaron

4. Los Broncos _____ mucho para el «Superbowl».

   a. prepararon   b. durmieron

5. Los siete enanos (*dwarfs*) _____ mucho en las minas.

   a. regalaron   b. trabajaron

6. Los astronautas del Apolo 7 _____ la luna (*moon*) de cerca (*close up*).

   a. vieron   b. entregaron

Gramática esencial: ¿Qué hicimos nosotros?

Talking About What You and Someone Else Did Recently

*Actividad F   ¿Quiénes lo dijeron?

Who might have said the following? Match each statement with the most logical choice.

1. _____ «Vinimos a América en busca de (*in search of*) libertad y una vida mejor.»

2. _____ «Recibimos los aplausos del público cuando bailamos.»

3. _____ «Volvimos a Kansas después de un largo viaje.»

4. _____ «No entregamos la tarea porque el perro se la comió.»

5. _____ «Escribimos muchos libros en París.»

6. _____ «No vimos tierra en muchos meses de viaje de exploración.»

7. _____ «Tuvimos siempre una relación muy tempestuosa.»

8. _____ «Estuvimos todo el fin de semana corrigiendo composiciones.»

a. Dorotea y Toto
b. Fred y Ginger
c. los inmigrantes
d. los estudiantes
e. Larry, Curly y Moe
f. Ernest Hemingway y Gertrude Stein
g. Magallanes (*Magellan*) y su tripulación (*crew*)
h. los profesores

*Actividad G   El sábado pasado

Listen to Jorge Villar describe how he and his family spent last Saturday. Then answer the following questions.

VOCABULARIO ÚTIL

esposa   *wife*
hijos   *children*

	CIERTO	FALSO
1. Jorge y su familia viven en Nueva York.	☐	☐
2. Los hijos de Jorge son adultos.	☐	☐
3. Jorge y su familia visitaron el Museo de Arte Moderno.	☐	☐
4. A Jorge y su familia les gustan la pasta y la pizza.	☐	☐

Comunicación

Para entregar   En clase

Describe how Spanish class is similar to or different from another class by commenting on at least five things that you and your classmates did yesterday. (If yesterday was Sunday, write about last Friday.)

MODELO   Ayer en la clase de español mis amigos y yo hablamos español, pero en la clase de historia hablamos inglés.

ꓔ PRONUNCIACIÓN:
¿e o é?

By now you probably are developing a feel for where the stress falls in Spanish words. Two simple rules underlie most of the Spanish stress system. Use these rules as you come across new words in Spanish.

Rule 1: If a word ends in a vowel, **n,** or **s,** stress normally falls on the next to the last syllable.

sem<u>a</u>na	nos qued<u>a</u>mos	se lev<u>a</u>ntan
tempr<u>a</u>no	estudi<u>a</u>ntes	est<u>u</u>dia*

Rule 2: If a word ends in any other consonant, stress normally falls on the last syllable.

activid<u>a</u>d	gast<u>a</u>r	univers<u>a</u>l
actr<u>i</u>z	profes<u>o</u>r	profesion<u>a</u>l

Exceptions to these rules carry a written accent mark to indicate which syllable is stressed.

Some exceptions to Rule 1:

> típico   sábado   inglés   televisión   también

An exception to Rule 2:

> lápiz

Some common one-syllable words have a written accent mark to distinguish them from other words spelled the same way. For example, an accent mark distinguishes **sé** (*I know*) from the pronoun **se** of **se levanta.** To ask whether a word has an accent mark you can say **¿Lleva acento?**

An important exception to Rule 1 is the stress system of regular preterite **yo** forms (**gasté, viví,** and so forth). Also, the written accent on the final vowel of regular **él/ella** preterite forms serves to distinguish those forms from the **yo** form of the present tense.

(yo)	gasto	(él)	gastó
(yo)	tomo	(ella)	tomó
(yo)	saco	(Ud.)	sacó

---

*Remember that diphthongs are considered one syllable unless marked with a written accent. In **estudia, -dia** is the last syllable and **-tu-** is the next to the last. The same applies with other words that you know: **estudios, materia, laboratorio,** and so forth.

ꓔ **Actividad A**   ¿Presente o pasado? (I)

Listen to the speaker say some verb forms. Identify whether each verb form is past or present depending on where you hear the stress fall. The speaker will give you the answers.

> 1...   2...   3...   4...   5...   6...   7...

Actividad B ¿Presente o pasado? (II)

Now you make the distinction between present-tense **yo** and past-tense **él/ella, usted.** When the speaker says the item number, you pronounce the pair of verbs or phrases shown. Then listen to the speaker pronounce the set.

1. miro, miró
2. llamo, llamó
3. saco vídeos, sacó vídeos
4. estudio en la biblioteca, estudió en la biblioteca
5. llego en carro, llegó en carro

Prueba de práctica

In this lesson

- you learned more about daily activities and those of friends, family, and others
- you learned the forms of the preterite-tense verb system

*A. Select two things from the list that you logically associate with each action below.

la cama (*bed*)	el concierto	el periódico
la cena	la cuenta	la tarea
la clase	la matrícula (*tuition*)	la televisión
la comida	la noche	el vídeo
las composiciones	la novela	

1. leer _____ _____

2. corregir _____ _____

3. asistir _____ _____

4. acostarse _____ _____

5. ver _____ _____

6. pagar _____ _____

7. preparar _____ _____

B. Read the following descriptions about two sisters, Rocío and Raquel. Then complete the paragraph about each, inventing at least three things each did last Sunday based on the description given.

Rocío es estudiante graduada de biología. Es muy trabajadora y le gusta estudiar. Tiene buenas relaciones con sus profesores, y le gusta pasar el tiempo con ellos. También tiene talento en la cocina (*kitchen*). ¡Sus enchiladas y burritos son famosos!

El domingo pasado Rocío _____

_____

_____

Rocío y su hermana Raquel comparten (*share*) pocos intereses. A diferencia de Rocío, a Raquel no le interesan (*is not interested in*) los libros. Prefiere salir con sus amigos y divertirse (*to have fun*). Es muy aficionada a la música latina y le gusta ir al cine también. Le encanta (*She adores*) Leonardo DiCaprio. También se preocupa por (*she worries about*) su salud (*health*), así que va con frecuencia al gimnasio.

El domingo pasado Raquel _____

_____

_____

C. Below are a series of questions about what you and your classmates did in Spanish class this week. Answer them truthfully in complete sentences.

1. ¿Hablaron inglés en clase?

   _____

2. ¿Hicieron actividades del libro de texto?

   _____

3. ¿Miraron una película en clase?

   _____

4. ¿Trabajaron en grupos pequeños?

   _____

5. ¿Durmieron en clase?

   _____

6. ¿Llegaron tarde a clase?

   _____

D. Think back to your very first day of class at your university, whether a few months or a few years ago. Listen as the speaker on the audio program asks you some questions about that day. Answer the questions orally.

   1...   2...   3...   4...   5...

E. In this lesson you read about how Marita Romine spent her first paycheck. Answer the following questions about "firsts" in your life.

1. ¿En qué gastaste tu primer sueldo?

   _____

2. ¿Cuál fue la primera película con clasificación de «R» que viste?

   _____

3. ¿Cuándo recibiste tu primera bicicleta?

   _____

4. ¿Cuándo sacaste tu carnet (licencia) de manejar?

   _____

5. ¿Qué recibiste de regalo (*gift*) cuando te graduaste de la escuela secundaria?

   _____

LO QUE NOS FORMA

LECCIÓN

¿CÓMO ES TU FAMILIA?

In this lesson of the Manual *you will*

■ review vocabulary related to the family and use it to describe your family

■ review the possessive adjective **su(s)**

■ review and practice question words (**dónde, cuánto,** and so forth)

■ practice interpreting and using direct object pronouns

Vistazos

La familia nuclear

Vocabulario esencial: ¿Cómo es tu familia?

Talking About Your Immediate Family

*Actividad A   La familia de Ángela

Complete the family tree based on what the speaker says. Write each family member's name and age in the appropriate space.

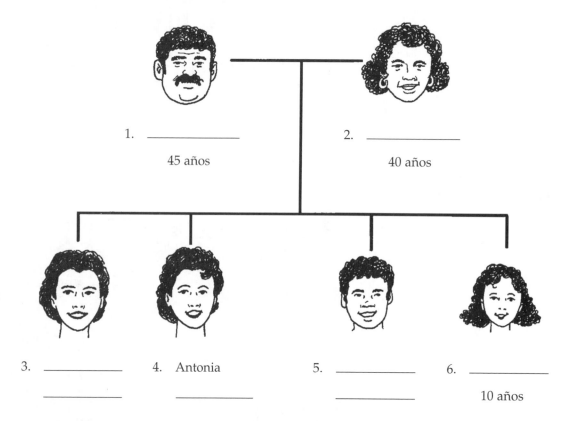

1. _____
   45 años

2. _____
   40 años

3. _____
   _____

4. Antonia
   _____

5. _____
   _____

6. _____
   10 años

*Actividad B   ¿Quién es quién?

Complete the following sentences based on the family tree you created in **Actividad A.**

1. Marcos es el _____ de Ángela.

2. Ángela y Antonia son _____.

3. Rebeca es la _____ de Pablo.

4. Pablo es el _____ de Antonia.

5. Lorena y Marcos son los _____ de Pablo y Rebeca.

6. Rebeca es la _____ de Marcos.

Actividad C Hermanos

Think of two brothers or two sisters whom you know and write their first names in the blanks provided. Then complete each statement as best you can. Note that each use of **su** or **sus** means *their*.

_____ y _____

1. Su padre se llama _____.
2. Su madre se llama _____.
3. Su padre trabaja en _____.
4. Su madre trabaja en _____.
5. Su apellido es _____.

6. Su padre es de _____.
7. Su madre es de _____.
8. Su familia vive en _____.
9. Sus abuelos viven en _____.

*Actividad D La familia de Raúl

Paso 1 Complete each sentence with the appropriate form of **su**. (Note: Each instance of **su** or **sus** means *his*.) Do not mark the statements **cierto** or **falso** yet. You will make those decisions in **Paso 2** after you listen to the audio program.

	CIERTO	FALSO
1. No le gusta visitar a _____ padres.	☐	☐
2. _____ familia es muy grande.	☐	☐
3. _____ padres viven en Texas.	☐	☐
4. _____ madre es secretaria.	☐	☐
5. _____ padre es profesor.	☐	☐
6. A _____ padres les gusta jugar al tenis.	☐	☐

Paso 2 Now listen to the narration. Afterward, go back and mark the sentences of **Paso 1** as **cierto** or **falso**.

Gramática esencial: ¿Cuántas hijas... ?

Question Words: A Summary

*Actividad E Preguntas

Listen as the speaker asks a series of questions. After each question indicate what kind of information would be contained in the answer.

MODELO *(you hear)* ¿Dónde vive su abuelo? →
(*you select*) a. an age (b.) a place c. a person's name

1. a. a place
   b. a name
   c. a time

2. a. a profession
   b. an age
   c. a place

3. a. a name
   b. an age
   c. a time

4. a. an academic subject
   b. a quantity
   c. a place of origin

5. a. a professor's name
   b. a quantity
   c. an academic subject

6. a. a profession
   b. a hobby/pastime
   c. a course

*Actividad F Entrevista

Paso 1 In the following interview, what questions must the woman have asked in order to get the indicated responses from the man? (Note: The woman should use **Ud.** with the man.)

MUJER: Bueno, tengo unas preguntas, ¿está bien (*OK*)?

HOMBRE: De acuerdo.

MUJER: Primero, ¿ _____?¹

HOMBRE: Ramón Figueroa.

MUJER: Bien. ¿ _____?²

HOMBRE: Tengo 27 años.

MUJER: Una buena edad, ¿no? ¿ _____?³

HOMBRE: Estudié en Los Ángeles. Soy ingeniero.

MUJER: ¿ _____?⁴

HOMBRE: Tengo un condominio en el centro de la ciudad.

MUJER: Bueno. Y ¿ _____?⁵

HOMBRE: Pues, me gusta hacer muchas cosas en mi tiempo libre. Por ejemplo, me gusta jugar al voleibol e ir a la playa. Me gustan los deportes, pero me gusta la tranquilidad también. Por ejemplo, me gusta quedarme en casa y mirar vídeos cómicos o de aventuras.

MUJER: ¿ _____?⁶

HOMBRE: Bueno, las cualidades que busco en otra persona son el humor, una buena personalidad, la sinceridad y la inteligencia.

MUJER: Perfecto. Bueno, creo que tengo toda la información que necesito.

Paso 2 Based on the questions asked and the answers given, what kind of job does the woman have?

☐ police officer   ☐ professor

☐ reporter   ☐ computer dating-service person

Comunicación

 Para entregar Levantar el censo

Paso 1 If you were a census taker and had to visit homes to follow up on a report, what questions might you ask to get the information requested below? **¡OJO!** Would you use **tú** or **Ud.?** Write the questions on a separate sheet of paper.

the person's name   size of his/her family
the person's age   number of people living in the house
place of birth

Paso 2 By now your Spanish instructor has probably asked you a plethora of questions about your studies, friends, habits, interests, and so forth. Well, the tables have turned; now you'll ask the questions. Select some of the questions from **Paso 1** that you would like to ask your instructor and write them out on a separate sheet of paper using **tú** or **Ud.** as appropriate. Add at least three new questions of your own so that in the end you have a total of at least six questions.

Vistazos

La familia «extendida»

Vocabulario esencial: ¿Y los otros parientes?

Talking About Your Extended Family

Actividad A   ¿Quién es?

Paso 1   Review the names and expressions for describing extended families in your textbook.

*Paso 2   See if you can answer the following questions for each person.

1. Jane Fonda, ¿es tía o prima de Bridget Fonda?
2. Arnold Schwarzenegger, ¿es tío o primo de John Kennedy, Jr.?
3. Teddy Roosevelt, ¿era primo o abuelo de Franklin D. Roosevelt?
4. Em, en la famosa película *El mago de Oz*, ¿es la tía o la abuela de Dorotea?
5. Julio César, ¿era abuelo, padre, tío o primo de Augusto?
6. Jethro y Elli Mae, de los «Beverly Hillbillies», ¿son primos o hermanos?
7. John Adams, ¿era abuelo, tío o padre de John Quincy Adams?

*Actividad B   La familia real británica

Complete the sentences below about the British royal family by identifying the relationships being described.

1. La reina Madre es _____ de Carlos, Ana, Andrés y Eduardo.

   a. madre   b. tía   c. abuela materna

2. Los hijos de Carlos y Diana son _____ de los hijos de Andrés y Fergie.

   a. tíos   b. primos   c. hermanos

3. El padre de la reina Isabel, quien fue rey de la Gran Bretaña, _____.

   a. ya murió   b. vive en Francia   c. es tío del príncipe Carlos

4. La hermana de la reina Isabel es _____ del príncipe Eduardo.

   a. prima   b. tía   c. abuela paterna

5. La reina Isabel es _____ de los hijos de Carlos y Diana.

   a. abuela   b. tía   c. prima

Actividad C   Una familia grande

Paso 1   Listen as the speaker describes his family. You may wish to take notes below as he talks. Feel free to listen more than once if you wish to.

_____

_____

_____

_____

_____

_____

_____

_____

_____

*Paso 2 Now answer the following questions based on what you heard.

1. ¿Cómo se llama la persona que habló y dónde vive?

   _____

2. La persona dice que sus padres están divorciados. ¿Cómo se llaman y cómo se llaman sus padrastros?

   _____

   _____

3. ¿Todavía viven los abuelos?

   _____

   _____

4. ¿Qué puedes decir sobre la familia extendida de esta persona? ¿Es grande o pequeña? Explica, refiriéndote nada más a los tíos por el momento.

   _____

   _____

5. Relacionado con el número de tíos está el número de primos. ¿Qué dice Guillermo acerca de sus primos?

   _____

   _____

Vocabulario esencial: ¿Tienes sobrinos?

Additional Vocabulary Related to Family Members

*Actividad D   Definiciones

Match each item in column A to its definition in column B.

A

1. _____ casado/a

2. _____ soltero/a

3. _____ tu cuñado/a

4. _____ tu nieto/a

5. _____ tu sobrino/a

B

a. cuando una persona no tiene esposo/a
b. cuando una persona tiene esposo/a
c. el esposo (la esposa) de tu hermano/a
d. lo opuesto de muerto/a
e. el padre (la madre) de tu esposo/a

6. _____ tu suegro/a   f.   hijo/a de tu hermano/a

7. _____ vivo/a   g.   hijo/a de tu hijo/a; tú eres el abuelo (la abuela) de esta persona

*Actividad E   ¡En el metro!

Listen to the bits and pieces of different conversations among people on the metro and try to follow the train of thought for each. After each exchange, you will be asked to choose the most appropriate and logical line to continue the dialogue.

1. María:

     a.   Ah, vive con tus abuelos.

     b.   Ah, vive con tu hermano.

     c.   Ah, vive con tus tíos.

2. Enrique:

     a.   Y tu hermanastro, ¿qué profesión tiene?

     b.   Y tu cuñado, ¿qué profesión tiene?

     c.   Y tu nieto, ¿qué profesión tiene?

3. Ricardo:

     a.   Ah, ¿tus padrastros van a estar?

     b.   Ah, ¿tus abuelos maternos van a estar?

     c.   Ah, ¿tus abuelos paternos van a estar?

*Actividad F   La familia García

Look at the García family tree and complete the following sentences with information from the tree, giving as much detail as possible.

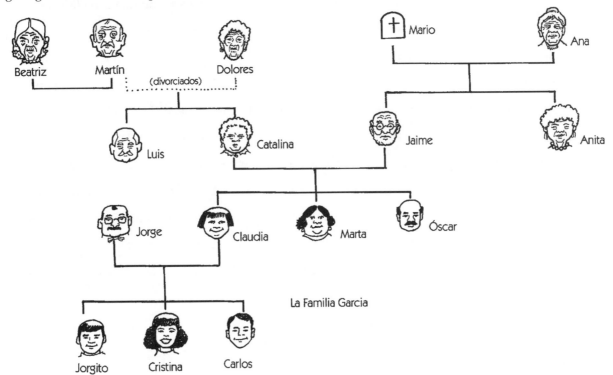

La Familia Garcia

MODELO   Martín _es el padre de_   Luis _y Catalina_ .

1. Jorge _____ Claudia _____ .

2. Anita _____ Óscar _____ .

3. Beatriz _____ Luis _____ .

4. Marta y Claudia _____ Ana _____ .

5. Carlos y Jorgito _____ Cristina _____ .

6. Jaime _____ Jorgito _____ .

7. Luis _____ Catalina _____ .

8. Ana _____ Catalina _____ .

9. Jorge _____ Marta _____ .

10. Óscar y Marta _____ Luis _____ .

Comunicación

Para entregar   La familia de Juan Antonio

Paso 1   Complete the paragraph that follows by choosing the correct words from the list to fill in the blanks. Use a separate sheet of paper.

casada	nieto	soltera
cuñado	parientes	viudo
divorciados	sobrino	ya murió

Juan Antonio tiene 15 años y vive con su padre en Boston. Su madre vive en Nueva York. Sus padres están _____.[1] A Juan Antonio le gusta visitar a su madre porque tiene muchos _____[2] y amigos en Nueva York. Su abuelo materno vive allí. Es _____.[3] Su esposa _____.[4] La hermana de Juan Antonio, Elena, también vive en Nueva York. Está _____[5] con Alex, un tipo (*guy*) muy simpático. Cuando está de visita en Nueva York, Juan Antonio frecuentemente juega al béisbol con Alex. Alex es un _____[6] muy generoso. Elena y Alex tienen un hijo, Nicolás. Sólo tiene dos años. Es un niño muy activo, y a Juan Antonio le gusta jugar con su _____.[7] A la madre de Juan Antonio también le encanta su _____.[8] ¡Por fin se acostumbró a (*she got used to*) ser abuela! La otra hermana de Juan Antonio, Victoria, es estudiante de música en Nueva York. Ella se dedica mucho a sus estudios. No tiene tiempo para nada ni nadie. Es _____[9] y vive sola en Greenwich Village. A Juan Antonio le encanta la compañía de Victoria. Ella lleva una vida muy interesante.

Paso 2   What do you have in common with Juan Antonio and his family? What is different? Make at least five statements in which you compare and contrast yourself with Juan Antonio.

MODELO   Juan Antonio tiene un sobrino, pero yo no tengo sobrinos.

Vistazos

Mis relaciones con la familia

Gramática esencial: ¿Te conocen bien?

First- and Second-Person
Direct Object Pronouns

*Actividad A   Imagina que...

Imagine that you are the man or the woman in each picture below. Which sentence describes your role in the picture?

1. a.   ☐ Me busca otra persona.

    b.   ☐ Yo busco a otra persona.

2. a.   ☐ Me escucha otra persona.

    b.   ☐ Yo escucho a otra persona.

3. a.   ☐ No me cree otra persona.

    b.   ☐ Yo no creo a otra persona.

Actividad B   Me...

Paso 1   Select a relative of yours (**padre, madre, hijo**) or a set of relatives (**padres, hijos, abuelos**) or, if you prefer, a friend, pet, or other creature with whom you have a personal relationship. Then indicate which of the following apply. Remember that **me** is an object pronoun, not a subject!

nombre: _____   relación: _____

1.   □ Me quiere(n).
2.   □ Me adora(n) (*adore[s]*).
3.   □ Me llama(n) con frecuencia.
4.   □ Me escucha(n).

5.   □ Me da(n) consejos (*advice*).
6.   □ Me conoce(n) más que nadie (*more than anyone*).
7.   □ Me _____.

*Paso 2   How would you ask someone in class about his/her relationship with someone using the above items? Using the object pronoun **te,** rewrite each sentence from **Paso 1,** assuming the person selected the same person as you.

1.   _____
2.   _____
3.   _____
4.   _____
5.   _____
6.   _____
7.   _____

Paso 3   Call a classmate on the phone and interview him or her using the items you wrote in **Paso 2.** How do you compare?

*Actividad C   Rita y Patricia

Listen as two old friends meet by chance and talk about their children. Then indicate who might say each of the following about her children. (Do you know what each sentence below means? Are you correctly interpreting the pronoun **nos?**)

	RITA	PATRICIA
1. Nos llaman por teléfono con frecuencia.	□	□
2. Nos mandan fotos de nuestros nietos.	□	□
3. No nos escriben.	□	□
4. No nos visitan casi nunca.	□	□

Gramática esencial: ¿La quieres?

Third-Person Direct Object Pronouns

*Actividad D   ¿Qué pasa° en estos dibujos?

¿Qué... *What's happening*

Select the picture that best corresponds to the sentence.

☐ a.   ☐ b.

1.   Sus padres lo llaman por teléfono.

☐ a.   ☐ b.

2.   Las invita al cine Manuel.

☐ a.   ☐ b.

3.   Lo escucha la abuela.

☐ a.   ☐ b.

4. La niña lo saluda.

☐ a.   ☐ b.

5. La busca el chico.

*Actividad E   Actitudes

Listen as the speaker makes statements about the people in the following list. Write down the speaker's attitude toward each person, following the model.

> MODELO   (*you see*) su hermano
> (*you hear*) Admiro mucho a mi hermano. →
> (*you write*) La persona lo admira mucho.

1. su mamá: _____

2. su papá: _____

3. sus profesores: _____

4. Roberto y Juan, sus amigos: _____

5. su abuelo: _____

6. Chico, su perro: _____

7. Teresa, su jefa (*boss*): _____

Actividad F ¿Quién es?

Listen to each statement and select the appropriate picture.

1. ☐ a.   ☐ b.

2. ☐ a.   ☐ b.

3. ☐ a.   ☐ b.

4. □ a.   □ b.

5. □ a.   □ b.

*Actividad G   Un talento especial

Paso 1   Read the following passage. Then answer the questions that follow.

Mis abuelos maternos son mexicanos y los quiero mucho. Viven en San José y cuando viajo a California, siempre los visito.

Mi abuela se llama Concepción y es una persona muy especial. Es médium, es decir, tiene poderes (*powers*) mentales (puede «ver» eventos del futuro y del pasado) pero no los usa con mucha frecuencia. Dice que son un regalo de Dios y debe usarlos con cuidado (*care*). Todos en la familia la admiramos mucho.

Una vez la policía la llamó para pedirle ayuda para investigar un asesinato (*murder*). Mi abuela tocó un objeto personal de la víctima y tuvo una visión del homicidio. Vio muy claro al asesino (sus ojos, el pelo, etcétera) y pronto la policía lo capturó. Mi abuela se convirtió en una persona famosa de la noche a la mañana (*overnight*).

1. El mejor título para la selección es...

    a. «Mi abuela: víctima de un crimen».

    b. «Por qué capturaron a mi abuela».

    c. «Un don (*talent*) especial».

2. Mi abuela es una persona famosa porque...

    a. la policía la investigó.

    b. un hombre la atacó pero ella pudo desarmarlo.

    c. ayudó a la policía.

3. Respecto a sus poderes mentales...

    a. los usa poco.

    b. no los controla muy bien.

    c. no los toma en serio.

4. ¿Qué describe mejor mis sentimientos hacia mi abuela?

    a. La critico por su locura (*craziness*).

    b. La quiero y la estimo mucho.

    c. No lo puedo decir porque nunca la veo ni la visito.

Paso 2 Find the seven third-person direct object pronouns that occur in the passage and underline them. Then tell to what / to whom they refer. The first is done for you.

1. ...<u>los</u> quiero mucho.   **Los** refers to **mis abuelos.**_____

2.   _____

3.   _____

4.   _____

5.   _____

6.   _____

7.   _____

Gramática esencial: Llamo a mis padres

The Personal **a**

 *Actividad H   ¿Qué pasa en estos dibujos?

You will hear some sentences in Spanish. Select the correct picture for each.

1.   ☐ a.   ☐ b.

2. ☐ a.   ☐ b.

3. ☐ a.   ☐ b.

4. ☐ a.   ☐ b.

*Actividad I Alternativas

Paso 1 Select one of the alternatives to complete each sentence logically. Be sure that you understand what each sentence says and that you are interpreting objects and subjects correctly!

1. Una mujer habla de su hermano.

   «A mi hermano _____ con frecuencia porque vive en otro país.»

   a. lo veo   b. no lo veo

2. Un hombre habla de su madre.

   «A mi madre _____ cada semana. Vive sola —es viuda— y me gusta saber cómo está.»

   a. la llamo   b. no la llamo

3. Un estudiante habla de su profesora.

   «A la profesora García _____. ¡Habla muy rápido!»

   a. la entiendo   b. no la entiendo

4. Un perro habla de su ama (*mistress*).

    «A mi ama _____. Cuando está en casa, la sigo por todas partes.»

    a. la quiero mucho   b.   no la quiero

 Paso 2   Now listen to each person say something about people that he/she knows. Select the alternative that best answers each question.

1. ¿Quién no comprende (*understand*) a quién?
    a. La hermana no comprende a la madre.
    b. La madre no comprende a la hermana.

2. ¿Quién adora a quién?
    a. El hijo adora al esposo.
    b. El esposo adora al hijo.

3. ¿Quién no escucha a quién?
    a. El abuelo no escucha a la abuela.
    b. La abuela no escucha al abuelo.

4. ¿Quién no quiere ver más a quién?
    a. La madre no quiere ver más al cuñado de la persona que habla.
    b. El cuñado no quiere ver más a la madre de la persona que habla.

Comunicación

 Para entregar   ¿Quién es?

Answer each question with real information. Remember to use the correct form of the verb and to use the direct object marker **a** as appropriate.

1. ¿A quién(es) *no* ves con frecuencia? ¿Por qué no?
2. ¿A quién de tu familia conoces mejor? ¿Tienen Uds. personalidades semejantes?
3. ¿A quién de la clase de español *no* conoces bien? ¿Puedes explicar por qué? (Nota: se sienta = *he/she sits*)

Prueba de práctica

In this lesson

- you learned to listen to descriptions of families as well as give descriptions of families
- you reviewed how to use question words
- you learned about the meaning of **su** and **sus**
- you learned about direct object pronouns and what they mean
- you heard or read about families, last names, and other related topics in Spanish-speaking countries

A. *Paso 1* Listen to the description of a well-known family. Can you guess who the family is?

Paso 2 Look at the painting *Sandía* by Carmen Lomas Garza on page 88 of your textbook. Can you describe this family, pointing out what the various relationships among the persons could be?

Paso 3 You should be able to describe your own family to someone if they ask about it. Practice talking about the following topics.

1. your parents and where they live
2. your grandparents, whether they are alive or not and where they live if they are
3. any siblings you have and how old they are (and whether they are younger, older than you)
4. if you have a favorite aunt or uncle, giving a name and whether s/he is your mother's or father's sibling
5. how many cousins you have and how much contact you have with them

B. Listen to the questions being asked of you on the audio program. Can you answer each truthfully? You can pause the audio program in order to answer each question. (Note: Be sure that you hear the question words and that you understand what each question is asking.)

1... 2... 3... 4...

*C. Rewrite the following, putting it into a third-person narrative. Watch out for the correct use of **su** and **sus.**

Habla Adriana (una chica de 15 años):

«Mis padres son muy sospechosos. Quieren saber con quién salgo, a quién veo y qué hago. Si llamo por teléfono a mi amiga, se quedan en el cuarto (*room*) para escuchar la conversación. Mis amigos no vienen de visita porque no les gusta la constante interrogación de mi madre. ¡Y mi padre es peor! Por eso peleamos (*we fight*) mucho. Los padres de mis amigos no actúan así.»

Según Adriana...

_____

_____

_____

_____

_____

_____

_____

_____

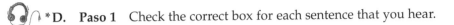

*D. **Paso 1** Check the correct box for each sentence that you hear.

1. ☐ a.　　　　　　　　☐ b.

2. ☐ a.　　　　　　　　☐ b.

3. ☐ a.　　　　　　　　☐ b.

Paso 2 Indicate what each of the following sentences means.

1. Me comprenden mis padres.

   a. I understand my parents.

   b. My parents understand me.

2. No nos respetan los supervisores.

   a. We don't respect the supervisors.

   b. The supervisors don't respect us.

Paso 3 Complete each sentence based on the visual clue, using the verb in parentheses.

1. La niña saluda al chico y luego _____ (besar).

2. El hombre habla a la mujer pero ella no _____ (entender).

*E. Answer each question based on what you have read or heard in this lesson.

1. En el nombre Cristina Sanz Alcalá, ¿cuál de los dos apellidos es el apellido paterno? ¿Cuál es el apellido materno?

   a. el apellido paterno = _____

   b. el apellido materno = _____

2. Pablo Martínez García y Pepita Mora Rodríguez tienen un bebé. Le dan el nombre Guillermo. ¿Cuál sería el nombre completo del chico que ponen los padres en el acta de nacimiento (*birth certificate*)?

   _____

5

¿A QUIÉN TE PARECES?

In this lesson of the Manual, *you will*
- practice describing people's physical appearance and personality
- practice using true reflexives and reciprocal reflexives
- practice making strong, medium, and weak assertions

Vistazos

Características físicas

Vocabulario esencial: ¿Cómo es?

Describing People's Physical Features

*Actividad A   Más sobre la apariencia física

Circle the letter of the response that best completes the sentence.

1. La parte del cuerpo que se usa para sostener (*hold up*) los lentes (*eyeglasses*) son las _____.

   a. pecas   b. orejas   c. mejillas

2. Si el pelo de una persona parece ser de color amarillo (*yellow*), tiene el pelo _____.

   a. rubio   b. moreno   c. lacio

3. Cuando decimos que Juan es más alto que Carlos, comparamos (*compare*) su _____.

   a. cara   b. estatura   c. pelo

4. Muchas veces los abuelos tienen el pelo _____ porque son viejos.

   a. pelirrojo   b. lacio   c. canoso

5. Si una persona tiene el pelo moreno, y los ojos son del mismo color, se dice que tiene ojos _____.

   a. azules   b. castaños   c. verdes

6. Un estereotipo común es que todos los irlandeses (*Irish*) tienen ojos verdes y son _____.

   a. lacio   b. narices   c. pelirrojos

7. Shirley Temple tenía (*had*) el pelo _____.

   a. rizado   b. canoso   c. lacio

 *Actividad B   ¿Eres artista?

Listen to the following description of a strange-looking person and, in the space below, re-create that person by employing your artistic skills. You should draw as the description is being given; don't wait until the end! However, you may listen to the description more than once.

Vocabulario esencial: ¿Nos parecemos?

Talking About Family Resemblances

*Actividad C   ¿Se parecen?

Listen to the speaker on the audio program and choose the sentence that is the most logical conclusion to draw from what you hear.

1. a. Tiene muchos rasgos físicos en común con la madre.

   b. No tiene ningún rasgo físico en común con la madre.

   c. Se parece mucho al abuelo paterno.

2. a. Los dos hermanos tienen ojos azules.

   b. Un hermano tiene orejas grandes y el otro las tiene pequeñas.

   c. Los dos se parecen al padre.

3. a. Tiene la nariz grande pero el abuelo la tiene pequeña.

   b. Tiene muchos rasgos físicos en común con la abuela.

   c. Los dos son altos y tienen los ojos azules.

4. a. Su hermana es pelirroja y su padre es rubio.

   b. Su hermana tiene muchos rasgos físicos en común con su padre.

   c. Su hermana es adoptiva.

5. a. No tiene ningún rasgo físico en común con sus hermanos.

   b. Todos los hijos son altos y tienen las orejas grandes.

   c. Tiene el pelo rubio y rizado, igual que sus hermanos.

*Actividad D   Tres hermanos

Paso 1   Below is a drawing of the three Peral brothers, Paco, Esteban, and Martín. Listen to the descriptions given and write the correct name of each brother. Then turn off the audio program.

1. _____

2. _____

3. _____

Paso 2   It's obvious from the picture that the Peral brothers share some features but not others. Write four sentences describing the brothers, making comparisons and contrasts and indicating which brothers do or don't resemble each other. Compare your sentences with those in the *Answer Key*.

MODELO   Esteban y Paco se parecen. Tienen los ojos castaños.

1. _____

2. _____

3. _____

4. _____

Comunicación

Para entregar Y tú, ¿a quién te pareces?

Family members don't always resemble each other. Do you look like someone in your family? Or have you ever been told you look like someone famous (an actor, politician, singer, and so forth)? On a separate sheet of paper, write a short paragraph describing yourself and the person whom you most resemble in your family, or if you prefer, what famous person you most resemble. Be sure to mention what characteristics you and your "double" have in common (**tienen en común**). You may want to use **Yo soy...** and **Me parezco a...** to start some of your sentences.

Vistazos

Más sobre las relaciones familiares

Gramática esencial: ¿Te conoces bien?

True Reflexive Constructions

*Actividad A ¿Reflexivo o no?

Look at each of the following drawings and decide whether the subject and object are the same. Choose the correct sentence to accompany each drawing.

1.

La mujer…

a. ☐ se mira.

b. ☐ la mira.

2.

El chico…

a. ☐ se saluda.

b. ☐ lo saluda.

3.

Carmen…

a. ☐ se ve.

b. ☐ la ve.

4.

El mago…

a. ☐ se levanta.

b. ☐ lo levanta.

*Actividad B *¿Se o lo/la?*

Decide whether each situation requires **se** (reflexive) or **lo/la** (if object is different from subject).

1. Luisa entra al trabajo a las 7.00 de la mañana. Por eso tiene que acostar _____ temprano.

2. La niña está bien sucia (*dirty*). La madre tiene que bañar _____.

3. El vampiro no tiene reflejo. No puede ver _____ en el espejo.

4. Esta noche José va a una fiesta elegante e importante. Va a afeitar _____ (*shave*) y

   duchar _____ (*shower*).

5. El bebé está aprendiendo (*learning*) a caminar. A veces tiene dificultades y su padre tiene que

   ayudar _____.

6. A María Jesús no le gustan las mañanas. Cuando suena el despertador, no quiere

   levantar _____.

*Actividad C Correspondencias

Match each reflexive sentence in column A with its most logical counterpart in column B. Be sure that you know what each reflexive sentence is saying and that you don't mistake **se** for a subject pronoun!

A

1. _____ Manuel se conoce muy bien.

2. _____ Mi hermana se mantiene sin la ayuda
   de mis padres.

3. _____ Mi padre se considera liberal.

4. _____ Mi hermano se mira mucho en el espejo.

B

a. Bueno. Tiene que ser muy narcisista.
b. Es independiente.
c. Sabe bien cuáles son sus limitaciones.
d. Sí, pero ¿siempre vota así (*that way*) en
   las elecciones?

Actividad D ¿Cómo te consideras?

Paso 1 What do you consider yourself to be? Select any items that fit. Write a descriptive word of your own on the last line.

Me considero...

☐ liberal.   ☐ conservador(a).

☐ serio/a.   ☐ cómico/a.

☐ impulsivo/a.   ☐ reservado/a.

☐ responsable.   ☐ irresponsable.

☐ extrovertido/a.   ☐ introvertido/a.

☐ aventurero/a.   ☐ tímido/a.

_____

Paso 2 Now call a classmate on the phone. Ask him/her questions based on items in **Paso 1** to find out if he/she views himself/herself in much the same way.

MODELOS ¿Te consideras liberal?
         ¿Y también te consideras flexible?

Gramática esencial: ¿Se abrazan Uds.?

*Actividad E ¿Qué hacen?

Select the reciprocal construction that best represents each drawing.

1.

Los hombres…

a. ☐ se saludan.

b. ☐ se miran.

2.

Los profesores…

a. ☐ se admiran.

b. ☐ se odian (*hate*).

3.

Las mujeres…

a. ☐ se buscan.

b. ☐ se abrazan (*hug*).

4.

Los novios…

a. ☐ se besan (*kiss*).

b. ☐ se escuchan.

5.

Los chicos…

a. ☐ se escriben.

b. ☐ se hablan por teléfono.

*Actividad F La boda

Write down the sentences you hear, then decide whether they are true or false based on the picture.

	CIERTO	FALSO
1. _____	☐	☐
2. _____	☐	☐
3. _____	☐	☐
4. _____	☐	☐
5. _____	☐	☐

 *Actividad G ¿Se llevan bien?

Based on what you know about the various people listed below, determine which alternative best describes their relationship. Listen to the audio program for the answers. (Note: The speaker may say a little more than what's on the page. See if you can understand what she is saying.)

1. Dennis Quaid y Meg Ryan…

   a. se hablan con frecuencia.

   b. no se hablan casi (*almost*) nunca.

2. Antonio Banderas y Julio Iglesias…

   a. se respetan.

   b. se odian.

3. Venus Williams y Serena Williams…

   a. se ven casi todos los días.

   b. no se ven casi nunca.

4. Los republicanos y los demócratas…

   a. se quieren (*like one another*) mucho.

   b. se toleran.

Comunicación

Para entregar   ¿Típico o no típico?

See if you can create a short activity that your instructor might use in class! Write five items using recip-rocal reflexives with **se** that can be used to contrast the following interactions/relationships: student-to-student versus student-to-professor. Copy your sentences on a sheet of paper, and turn them in to your instructor.

MODELO   Se comprenden muy bien.

	ESTUDIANTE ↔ ESTUDIANTE		ESTUDIANTE ↔ PROFESOR	
	TÍPICO	NO TÍPICO	TÍPICO	NO TÍPICO
1. _____	☐	☐	☐	☐
2. _____	☐	☐	☐	☐
3. _____	☐	☐	☐	☐
4. _____	☐	☐	☐	☐
5. _____	☐	☐	☐	☐

Vistazos

La herencia genética frente al medio ambiente

Vocabulario esencial: ¿Cómo eres?

Describing Personalities

 *Actividad A   ¿Cómo es?

When we see someone for the first time we often form an impression of their personality. Match each drawing with the description that best fits the type of person pictured.

a. _____

b. _____

c. _____

d. _____   e. _____   f. _____

*Actividad B Alternativas

Select the item that most logically corresponds to the sentence.

1. Si una persona es así (*like this*), debe evitar conflictos.

   a. gregaria   b. extrovertida   c. vulnerable al estrés

2. Si una persona posee esta característica, puede hacer mucho trabajo.

   a. el afán de realización   b. la tendencia a evitar riesgos   c. impulsiva

3. Si una persona es así, no le gusta ir a fiestas.

   a. agresiva   b. impulsiva   c. retraída

4. Si una persona es así, no habla mucho y no expresa sus opiniones todo el tiempo.

   a. imaginativa   b. reservada   c. capaz de dirigir a otros

5. Si uno es capaz de dirigir a otros, probablemente posee esta característica también.

   a. el don de mando   b. la tendencia a evitar riesgos   c. reservada

Actividad C Conceptos parecidos y opuestos

Paso 1 Many of the words and expressions you are learning in this part of the lesson form opposing pairs with opposite meanings or pairs in which the two terms are synonyms or overlap in meaning. Using the outline below, fill in the blanks with concepts that make sense to you. Try to use as much different vocabulary as possible. **¡OJO!** In some cases, you may not be able to fill in a blank.

CONCEPTO	CONCEPTO PARECIDO	CONCEPTO OPUESTO
reservado	_____	_____
perezoso	_____	_____
serio	_____	_____
el don de mando	_____	_____
aventurero	_____	_____

Paso 2 Call a classmate on the phone and share your lists. Does your classmate understand your classifications? Do you agree with his/hers?

Gramática esencial: Parece que...

*Actividad D   Sabemos que...

Listen as the speaker makes an assertion about something. Indicate whether the assertion is strong, moderately strong, or weak.

> MODELO   (*you hear*) Sabemos que hay dos tipos de genes: el recesivo y el dominante. →
> (*you mark*) ☑ That assertion is strong.

	STRONG ASSERTION	MODERATELY STRONG ASSERTION	WEAK ASSERTION
1.	☐	☐	☐
2.	☐	☐	☐
3.	☐	☐	☐
4.	☐	☐	☐
5.	☐	☐	☐
6.	☐	☐	☐

*Actividad E   Oraciones parciales

Connect each assertive phrase with the proposition that follows it. Write the complete sentence on the line.

1. Es evidente...
   Los gemelos comparten muchas características físicas.

   _____

2. Algunos investigadores dicen...
   Varios aspectos de la personalidad se transmiten genéticamente también.

   _____

3. El estudio en Minnesota asegura...
   La imaginación puede ser heredada.

   _____

4. Sin embargo, los investigadores concluyeron...
   La agresividad tiene relación con el medio ambiente.

   _____

5. La persona típica cree...
   Sólo los aspectos físicos son hereditarios.

   _____

6. Es evidente...
   La influencia del medio ambiente no es el único factor en el desarrollo de la personalidad.

   _____

*Actividad F   ¿Cierto o falso?

State whether the following assertions are true or false, based on the information the speaker gives. You may wish to take notes as you listen.

	CIERTO	FALSO
1. Sabemos que hay cinco colores de ojos.	☐	☐
2. Es obvio que muchas personas tienen los ojos rosados.	☐	☐
3. Es verdad que los ojos azules resultan de la combinación de dos genes del color azul.	☐	☐
4. Es evidente que el color verde es un color dominante.	☐	☐
5. Los expertos dicen que hay dos maneras de producir los ojos castaños.	☐	☐

Comunicación

Para entregar   Opiniones

Make one strong assertion, one middle-of-the road assertion, and one weak assertion about something you have learned so far in this unit. It could be anything! ¡OJO! Don't forget to use **que!** If there is time before you turn in your three sentences, compare your assertions with those of a classmate. How are your assertions similar or different?

Prueba de práctica

In this lesson

- you learned to describe people's physical appearances, to understand descriptions given by others, and to talk about family resemblances
- you learned to talk about a limited number of personality traits and to relate these to family characteristics
- you learned about true reflexives and reciprocal reflexives
- you learned about making strong, weak, and medium assertions
- you read and heard about physical characteristics of Spanish-speaking populations in addition to issues related to nature versus environment

A. Paso 1 Look at the photos on page 114 of your textbook. See if you can describe orally the four different people, referring to at least the following characteristics: hair, eyes, ears, and nose.

Paso 2 Sometimes we have to give descriptions of ourselves to someone over the phone so that they can recognize us when meeting us for the first time (at the airport, train station, blind date, and so forth). Practice describing your physical appearance orally, giving as many details as you can. In addition to facial, eye, and hair characteristics, include information about your height.

*Paso 3 Listen to the person's self-description on the audio program. Then decide which of the following famous people this person most closely resembles. Explain your answer in a brief paragraph.

1. Rosie O'Donnell
2. Christina Aguilera
3. Cameron Díaz
4. Julia Roberts

La persona descrita se parece más a _____ porque _____...

También _____...

*B. Match each description with the person who fits it best.

1. «Muchos dicen que soy agresiva, pero la verdad es que sólo soy una persona con afán de realización, una persona bastante seria. No me gustan las personas perezosas ni las que poseen la tendencia a evitar riesgos. Soy totalmente diferente a estas personas. Yo sé que soy capaz de dirigir a otros porque mi trabajo lo requiere. Algunos opinan que soy retraída y reservada porque no me gusta aparecer en público y no doy entrevistas con frecuencia, casi nunca. Es verdad que no me gusta estar frente al público mucho, pero no soy retraída.»

   a. Madonna   b. Cher   c. Barbra Streisand

2. «Los personajes que desempeño (*I portray*) en mis películas se parecen mucho. Estos personajes tienen la tendencia a evitar riesgos, pues suelen ser un poco tímidos y reservados. No son nada aventureros. No poseen en absoluto el don de mando y son muy vulnerables al estrés. Aunque hablan mucho, no son gregarios. Tampoco son extrovertidos, creo.»

   a. Brad Pitt   b. Woody Allen   c. Denzel Washington

*C. Paso 1 For each sentence, select the English rendition that is closest in meaning.

1. Juan se conoce bien.

   a. Someone knows John well.   b. John knows himself well.

2. Nos comprendemos.

   a. We understand.   b. We understand each other.

Paso 2   Using the cue in parentheses, complete each sentence with a phrase containing a true reflexive. What you add should be more than just a verb.

1.   Las personas flexibles _____.
     (adaptar)

2.   Un escritor profesional _____.
     (expresar)

Paso 3   Write a sentence using a reciprocal reflexive construction to summarize each situation.

1.   Guillermo y Rodolfo tienen una relación especial. Cuando uno tiene un problema, el otro está allí para ayudarlo (*help him*). Si uno necesita ayuda, el otro se ofrece sin vacilar (*hesitating*). Son muy buenos amigos.

_____

2.   Marisa y Julián son dos abogados. Marisa tiene una opinión muy alta de Julián. Lo estima mucho. También opina así Julián de Marisa. Ninguno de los dos diría (*would say*) algo malo del otro.

_____

D.   *Paso 1   Rate the following as strong, weak, or medium assertions.

1.   me parece que _____   4.   los expertos opinan que _____

2.   creo que _____   5.   está claro que _____

3.   te aseguro que _____

Paso 2   Decide whether you will report each proposition as a strong, medium, or weak assertion. Then do so accordingly. Vary the phrases you use.

MODELO   Einstein era (*was*) un genio. →
         Todos sabemos que Einstein era un genio. (*strong*)

1.   La Tierra es el tercer planeta en nuestro sistema solar.

_____

2.   Varios rasgos de la personalidad son hereditarios.

_____

3.   El don de mando es indispensable para ser presidente del país.

_____

4.   Los gemelos comparten más que las características físicas.

_____

*E.   Answer the following questions based on what you have read or listened to in this lesson.

1.   No hay mucha variedad de características físicas en el mundo hispano: todos son morenos de ojos negros o castaños. ¿Sí o no?

2.   ¿En qué pueblos o países del mundo hispano vemos más la influencia africana en lo físico?

_____

3. La timidez es el resultado de un ambiente protector en exceso. ¿Sí o no?

4. Basándote en los estudios sobre los gemelos, nombra dos características de la personalidad que pueden ser hereditarias. Luego, nombra dos que pueden ser resultado del medio ambiente.

CARACTERÍSTICAS HEREDITARIAS   CARACTERÍSTICAS ADQUIRIDAS

_____   _____

_____   _____

¿Y EL TAMAÑO DE LA FAMILIA?

NIÑOS NACIDOS EN ESPAÑA 1977-95 POR MIL HABITANTES

18,05
16,22
14,12
12,71
11,85
11,02
10,50
10,15
9,87
9,08

1977 | 1979 | 1981 | 1983 | 1985 | 1987 | 1989 | 1991 | 1993 | 1995

Fuente: INE.

España se hace anciana

Con el paso de los años, los españoles nos hemos vuelto más reticentes a tener hijos, a juzgar por el descenso de la natalidad de más de un 50% en las dos últimas décadas.

In this lesson of the Manual *you will*
- practice the numbers 30–1999 to describe people's ages and express years
- practice the imperfect tense
- practice making comparisons of equality

Vistazos

Años y épocas

Vocabulario esencial: ¿Qué edad?

Numbers 30–199 and Talking About People's Age

Actividad A   Entre 30 y 100

*Paso 1   Match each numeral in the left hand column with its spelled-out form in the right hand column.

A

1. ____ 97
2. ____ 67
3. ____ 37
4. ____ 47
5. ____ 77
6. ____ 57
7. ____ 87

B

a.   cincuenta y siete
b.   cuarenta y siete
c.   noventa y siete
d.   ochenta y siete
e.   sesenta y siete
f.   setenta y siete
g.   treinta y siete

 Paso 2   Now listen to the speaker pronounce each number and repeat what you hear.

Actividad B   ¿Cuántos años tiene... ?

 *Paso 1   The numbers 20–100 are important for talking about people's ages. Listen as the speaker makes a statement about a member of his family. Then, in the family tree, write the age of the person about whom he is speaking. (Note: **Mujer** is often used in Spanish to mean *wife*.) Turn off the audio program after you listen to the passage.

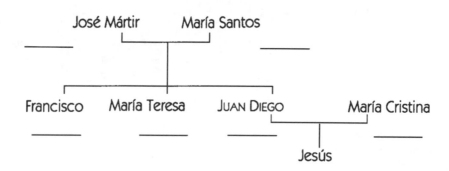

José Mártir   María Santos

Francisco   María Teresa   Juan Diego   María Cristina

Jesús

*Paso 2   Can you answer the following questions?

1.   ¿Quién es el mayor de los hijos de José y María Santos? _____

2.   ¿Cuántos años tenía* María Santos cuando...

a.   nació María Teresa, su hija? _____

b.   nació Jesús, su nieto? _____

Paso 3   Try to say out loud the ages of your parents, grandparents, and a favorite relative. Listen to Juan Diego again if you need a model.

*Actividad C   Más edades

Listen to the speaker's statements and choose the most logical conclusion to be drawn from each. You may hear words you are unfamiliar with. Apply the strategies for guessing and skipping as you listen.

1.   a.   Doña Juliana tiene setenta y cinco años.

b.   Doña Juliana tiene sesenta y cinco años.

2.   a.   Laura tiene treinta y ocho años.

b.   Laura tiene treinta y un años.

3.   a.   Pablo tiene sesenta y cinco años.

b.   Pablo tiene cuarenta y cinco años.

4.   a.   Pamela tiene cincuenta y siete años.

b.   Pamela tiene cuarenta y siete años.

Vocabulario esencial: ¿En qué año... ?   Numbers 200–1999 and Expressing Years

*Actividad D   ¿Qué número?

Listen as the speaker says six numbers between 100 and 1000. Write down the numeral that corresponds to each number you hear.

MODELO   (you hear) doscientos cuarenta y uno →
(you write) 241

1.   _____   3.   _____   5.   _____

2.   _____   4.   _____   6.   _____

*Actividad E   Años

Listen as the speaker names years. Write down each year in numerals.

MODELO   (you hear) mil novecientos sesenta →
(you write) 1960

1.   _____   3.   _____

2.   _____   4.   _____

*Tenía is a past tense of **tener** that you will learn later in this lesson.

5. _____ 7. _____

6. _____ 8. _____

*Actividad F   ¿En qué año?

Select the year or decade that best completes the sentence. **¡OJO!** Some may be a challenge!

1. En _____ los japoneses bombardearon Pearl Harbor.

   a. 1931   b. 1941   c. 1951

2. Hawai llegó a ser estado de la Unión en _____.

   a. 1929   b. 1959   c. 1979

3. _____ marca el aniversario 500 de la llegada de Cristóbal Colón a América.

   a. 1972   b. 1982   c. 1992

4. George Bush (padre) fue presidente durante los años _____.

   a. 60 y 70   b. 70 y 80   c. 80 y 90

5. La era de McCarthy con su campaña anticomunista ocurrió durante los años _____.

   a. 50   b. 60   c. 70

6. Los colores psicodélicos se asocian con los años _____.

   a. 40   b. 50   c. 60

Comunicación

Para entregar   Fechas importantes

Make a timeline about important events in your life, including events projected in the future. Each item you mention on your timeline should include the year in numerals and spelled out.

1980 (mil novecientos ochenta)
fecha de mi nacimiento

MODELO   ┣━━━━━━━━━━━━━━━━━━━━━━━━┫

1998 (mil novecientos noventa y ocho)
terminé (*finished*) la escuela secundaria

Include at least

- el año en que naciste
- el año en que terminaste la escuela secundaria
- el año en que piensas graduarte de la universidad
- el año en que vas a cumplir 65 años

If you are married, add

- el año en que te casaste

If you have a particular religious affiliation, include one of the following

- el año en que
  a. hiciste la primera comunión
  b. celebraste el *bar* (*bas*) *mitzvah*
  c. ¿ ?

If you or your parents or grandparents immigrated to this country, or if you came to this country as a child, include

- el año en que los abuelos/padres vinieron (la familia vino) a este país

Feel free to include any other significant event in your or your family's life. Try to have at least six different events.

Vistazos
Épocas anteriores

Gramática esencial: ¿Era diferente la vida? (I)

Introduction to the Imperfect Tense: Singular Forms

Actividad A   Alternativas

Paso 1   Listen to each sentence the speaker says. Select the phrase that best matches what you hear. The answers are given on the audio program.

1. a. cada día   b. ayer
2. a. generalmente   b. una sola vez
3. a. casi siempre   b. anoche por tres horas
4. a. diriamente   b. ayer, después de mi clase
5. a. cada noche   b. anoche

*Paso 2   Match the verb phrases in column A with a logical conclusion in column B. More than one answer may be possible.

A

1. _____ Escuché música…
2. _____ Vi las noticias…
3. _____ Escuchaba música…
4. _____ Veía las noticias…

B

a. un poquito anoche antes de estudiar.
b. siempre cuando estudiaba. ¡Me ayudaba a concentrarme!
c. siempre cuando podía.
d. por lo general.

Actividad B   Contrastes

How has your world changed? Which of the following were true for you as a child but aren't true now? Which were true both then and now?

	CIERTO DE NIÑO/A Y FALSO HOY	CIERTO DE NIÑO/A Y CIERTO HOY
1. Nunca me comía* las verduras (*vegetables*).	☐	☐
2. Tenía un amigo invisible.	☐	☐
3. Les tenía miedo a los perros grandes. (**tener miedo** = *to be afraid*, literally *to have fear*)	☐	☐
4. Me levantaba temprano los sábados por la mañana para ver la televisión.	☐	☐
5. Yo era el centro del mundo de mis padres.	☐	☐
6. No hacía muchos quehaceres (*tasks*) domésticos.	☐	☐
7. Mi familia me llamaba con un apodo (*nickname*).	☐	☐
8. Me gustaba hacer bromas (*jokes*).	☐	☐
9. Pasaba mucho tiempo solo/a.	☐	☐
10. Iba a la escuela en autobús.	☐	☐
11. Podía ver la televisión hasta muy tarde.	☐	☐
12. Me gustaba dormir con la luz prendida (*the light on*).	☐	☐
13. Visitaba a mis abuelos con frecuencia.	☐	☐
14. Me burlaba de mis hermanos.	☐	☐
15. Mis hermanos se burlaban de mí.	☐	☐

Actividad C Preguntas

*Paso 1 For each statement in **Actividad B,** write a question that you could ask someone in class. Use the **tú** form. Then, using the **Ud.** form, write a corresponding question for someone older whom you do not know. The first one is done for you.

1. ¿Te comías siempre las verduras de niño (de niña)?

   ¿Se comía siempre Ud. las verduras de niño (de niña)?

2. _____

   _____

3. _____

   _____

4. _____

   _____

---

*comerse = *to eat up* (not a true reflexive)

5. _____
   _____

6. _____
   _____

7. _____
   _____

8. _____
   _____

9. _____
   _____

10. _____
    _____

11. _____
    _____

12. _____
    _____

13. _____
    _____

14. _____
    _____

15. _____
    _____

Paso 2 Listen to the speaker on the audio program for the correct formation of the questions. You may also check your answers in the *Answer Key*.

*Actividad D   ¡Cómo cambian las cosas!

Two elderly women, Antonia and Josefina, are discussing some of the changes they have noticed with respect to young people and families in the last twenty years. Listen to their conversation and then answer (in Spanish) the questions that follow. (Note: **trabajar fuera de casa** = *to work outside the home*)

1. ¿Cuáles son los dos cambios que Antonia nota?

   a. _____

   b. _____

2. ¿Qué anécdota personal relata Josefina que apoya (*supports*) las afirmaciones de Antonia?

   _____
   _____
   _____

3. Según Antonia, ¿por qué trabajan tantas mujeres fuera de casa hoy?

a. _____

b. _____

4. ¿Qué opina Antonia de los cambios que ha observado (*that she has noticed*)?

_____

_____

Gramática esencial: ¿Era diferente la vida? (II)

More on the Imperfect
Tense: Plural Forms

*Actividad E   En la década de los 60

Stories abound about how things used to be in the 60s. What would a couple in their fifties or sixties say about what they used to do? ¡OJO! Keep in mind that what was going on in the United States may not have been what was going on in the Hispanic world.

MODELO   En la década de los 60, buscábamos la paz y el amor.

En la década de los 60...

1. protestar contra la guerra

_____

2. llevar pantalones de campana (*bell-bottom*)

_____

3. tener el pelo largo

_____

4. experimentar con drogas

_____

5. escuchar a los Rolling Stones

_____

6. quemar los sostenes (*bras*)

_____

7. vivir en comunas (*communes*)

_____

8. ir a conciertos al aire libre

_____

9. creer en el amor libre

_____

10. ¿ ?

Actividad F   Mis padres y mis abuelos

Many parents and grandparents like to tell what life used to be like: walking five miles to school, not having a TV, and other stories. Which of the following have you heard about your parents' or grandparents' early years?

Mis padres o mis abuelos...

	SÍ, LO OÍ ALGUNA VEZ	NUNCA OÍ ESO EN MI VIDA
1. caminaban cinco millas para ir a la escuela.	☐	☐
2. tenían sólo un salón de clase (*classroom*) en toda la escuela para estudiantes de varios niveles.	☐	☐
3. sacaban el agua (*water*) que necesitaban de un pozo (*well*).	☐	☐

	SÍ, LO OÍ ALGUNA VEZ	NUNCA OÍ ESO EN MI VIDA
4. escuchaban solamente la radio porque la tele no existía.	☐	☐
5. hacían los cálculos de aritmética mentalmente porque no tenían calculadoras.	☐	☐
6. inventaban juegos; no tenían vídeos ni aparatos eléctricos.	☐	☐
7. compartían la cama con otra persona de la familia.	☐	☐
8. tenían que trabajar para ayudar a la familia.	☐	☐
9. hacían su propia ropa porque era más barato (*cheaper*).	☐	☐
10. se levantaban a las 5.00 de la mañana para ordeñar (*milk*) las vacas y hacer labores agrícolas.	☐	☐

*Actividad G   ¿Sí o no?

Write down each statement the speaker says. Afterwards, decide whether the statements are true for you or not. (Note: **ayudar** = *to help*)

		SÍ	NO
1.	_____	☐	☐
2.	_____	☐	☐
3.	_____	☐	☐
4.	_____	☐	☐
5.	_____	☐	☐
6.	_____	☐	☐
7.	_____	☐	☐
8.	_____	☐	☐
9.	_____	☐	☐

Gramática esencial: ¿Tienes tantos hermanos como yo?

Comparisons of Equality

*Actividad H   Comparaciones

Read each pair of sentences. Then listen to what the speaker says. Which comparison of equality fits the facts?

1. ☐ a. La familia Rodríguez es tan grande como la familia Gómez.

   ☐ b. La familia Rodríguez no es tan grande como la familia Gómez.

2. ☐ a. Guillermo tiene tantos cuñados como cuñadas.

   ☐ b. Guillermo no tiene tantos cuñados como cuñadas.

3. ☐ a. En la casa de mi madre, vivían tantas personas como en la casa de mi padre.

   ☐ b. En la casa de mi madre, no vivían tantas personas como en la casa de mi padre.

4. ☐ a. En los Estados Unidos, hay tantos estudiantes de filosofía como de economía.

☐ b. En los Estados Unidos, no hay tantos estudiantes de filosofía como de economía.

5. ☐ a. El Canadá produce tanto oro (*gold*) como el África del Sur.

☐ b. El Canadá no produce tanto oro como el África del Sur.

6. ☐ a. Hay tantos habitantes en Buenos Aires como en la Ciudad de México.

☐ b. No hay tantos habitantes en Buenos Aires como en la Ciudad de México.

Actividad I   En el siglo XIX (diecinueve)

Había is the imperfect form of **hay** and means *there was/were* or *there used to be*. From the list of words and phrases provided, complete each statement to compare the previous century with the current one.

enfermedades	abuso infantil	madres solteras
suicidios	viajes internacionales	desamparados (*homeless*)
avances médicos	problemas ambientales	interés en la capa del ozono
pornografía	estudiantes universitarios	hijos únicos

En el siglo XIX...

1. no había tanto _____ como ahora.

2. no había tantos _____ como ahora.

3. no había tantas _____ como ahora.

4. no había tanta _____ como ahora.

*Actividad J   Hoy y ayer

The following statements compare family life now with family life in previous decades. Using a separate sheet of paper, first, rewrite the sentence inserting either **tan** or **tanto, tanta, tantos,** or **tantas.** Then, write **cierto, falso, probable,** or **no tengo idea** after each sentence based on what you know or think.

1. Las familias de esta década son _____ grandes como las familias de décadas anteriores.

2. Los jefes (*heads*) de familia de la década de los 50 ganaban _____ dinero como las familias de hoy.

3. Los padres de la década de los 50 no tenían _____ preocupaciones como los padres de hoy (por ejemplo, drogas en las escuelas, el SIDA, la inflación).

4. Los chicos de esta década no están _____ bien educados como los chicos de décadas anteriores.

5. Las familias de hoy no son _____ unidas como las familias de otras décadas.

6. En la década de los 40 había _____ madres solteras como hoy en día (pero no se hablaba de ellas...).

7. En la década de los 50 no había _____ personas divorciadas como hoy.

8. En la década de los 30 no se pagaban _____ impuestos como hoy día.

Call a classmate and compare your answers.

Comunicación

Para entregar   Comparaciones

Using **tan... como, tanto... como, tanta... como, tantos... como,** and **tantas... como,** write out a series of statements comparing the following items.

1. tus notas en la universidad y tus notas en la escuela secundaria
2. el dinero que gastas en ropa (*clothing*) y el dinero que gastas en comida
3. la cantidad de tiempo que estudias para la clase de español y la cantidad de tiempo que estudias para otra clase
4. alguna característica de tu personalidad de niño (de niña) y esa misma característica ahora (por ejemplo, ser tímido/a, extrovertido/a, etcétera)
5. la relación que tenías con un amigo/a de la escuela secundaria y la relación que tienes con él (ella) ahora o la relación que tienes con un pariente ahora y la relación que tenías con él (ella) cuando eras más joven
6. algo que crees que ha cambiado (*has changed*) o no ha cambiado de la década de los 80 y de la década de los 90 (por ejemplo, el problema de las drogas, la economía)

PRONUNCIACIÓN:
¿Cómo se pronuncia *genética*? ¿y *guerra*?

As you know, Spanish has a sound similar to the English sound represented by the letter *g* in *good*. And you may remember from studying the preterite tense that the first-person form of the verb **pagar** is spelled **pagué** to keep the **g** sound of **pagar.** (**U** is used in the same way for other verbs ending in **-gar.**) Note that in Spanish **g** when followed by **e** or **i** is always pronounced like an English *h* sound, although there are some dialectical differences in the pronunciation of this sound. Some regions produce the sound further back or further forward in the throat with much more friction.

 Listen as the speaker pronounces these familiar words.

la genética   pagué
el gen   guía
                     la guerra

Actividad A   ¿*gue* o *ge*?

Paso 1   Look at the following unfamiliar words. Decide whether each would be pronounced with a "hard" **g** (**guerra**) or a "soft" **g** (**genética**).

1. el general	5. Guernica (*a town in Spain*)	9. guineo (*banana* [*Puerto Rico*])
2. la gerenta (*boss*)	6. los guisantes (*peas*)	10. ingerir (*to ingest; to eat*)
3. gemir (*to moan*)	7. ingenuo (*naive*)	11. guisado (*stew*)
4. gimen (*they moan*)	8. genial (*brilliant*)	12. girar (*to revolve*)

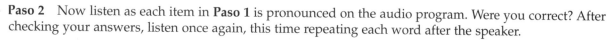 **Paso 2**   Now listen as each item in **Paso 1** is pronounced on the audio program. Were you correct? After checking your answers, listen once again, this time repeating each word after the speaker.

1. el general	5. Guernica	9. guineo
2. la gerenta	6. los guisantes	10. ingerir
3. gemir	7. ingenuo	11. guisado
4. gimen	8. genial	12. girar

PRONUNCIACIÓN: *j*

The letter **j** in Spanish never changes in pronunciation. It sounds like the letter **g** when followed by **e** or **i.***

 Listen as the speaker pronounces the following familiar words.

joven   japonés   jefe (*boss*)   juego   reloj   hijo

When you first hear a word with this sound, you may not know whether it's spelled with **je/ji** or **ge/gi.** You'll quickly learn, however, how words are spelled.

joven   japonés   jefe   juego   reloj   hijo

You know that **h** is silent in Spanish. In this unit you have learned many new words that contain an **h: hermano, hija,** and so on. Keep in mind that only **ge, gi,** and **j** represent a sound like English *h*.

 Actividad B   Práctica

Listen as the speaker pronounces the following words. Say each one after the speaker.

jinete (*jockey; horseback rider*)   jardín (*garden*)
jarabe (*syrup; cough medicine*)   juventud (*youth*)
jade   juntar (*to join; to unite*)

Actividad C   Canción de jinete

You may remember the poet Federico García Lorca from **Lección 3** of this *Manual* (**Verde que te quiero verde...**). In the following poem, García Lorca tells of a man on horseback trying to get to Córdoba in southern Spain. The man worries that he won't make it.

Paso 1   First, read through the poem to become familiar with it, then listen to the speaker deliver the poem. Afterward, go through the poem and pronounce all the words that contain the letter **j.**

CANCIÓN DE JINETE

Córdoba.
Lejana[a] y sola.

Jaca negra,[b] luna[c] grande,
y aceitunas en mi alforja.[d]
Aunque sepa los caminos[e]
yo nunca llegaré[f] a Córdoba.

Por el llano,[g] por el viento,
jaca negra, luna roja,
la muerte me está mirando
desde las torres[h] de Córdoba.

---

*Words borrowed from other languages (**el** *jazz,* **el** *jet*) tend to keep the pronunciation of the original language.

---

[a]*Far away*   [b]*Jaca... Black pony*   [c]*moon*   [d]*y... and olives in my saddle bag*   [e]*Aunque... Even though I know the roads*   [f]*future form of* **llegar**   [g]*flatlands*   [h]*desde... from the towers*

¡Ay qué camino tan largo!
¡Ay mi jaca valerosa!
¡Ay que la muerte me espera
antes de llegar a Córdoba!

Córdoba.
Lejana y sola.

Paso 2 Review the more difficult sounds and pronunciations that you have learned: vowels, **d** after **n** and **l** as opposed to **d** everywhere else, **b** between vowels, and **r.** Now listen to the poem again. See if you can read the poem aloud, trying to pronounce each phrase carefully. You may listen as many times as you like.

Prueba de práctica

In this lesson

- you learned the numbers 30–1999 to talk about ages and to describe years and decades
- you learned the imperfect tense to talk about how things used to be and what people used to do
- you learned how to make comparisons of equality
- you read or heard about life expectancies

A. Paso 1   Listen to the speaker describe whom she lives with. Take notes in the space provided below. Then see if you can summarize orally what she said, naming the people who live in the same home and what their ages are. Listen again to check your notes.

_____

_____

_____

_____

_____

_____

*Paso 2   Practice saying the following years out loud.

1.	1955		3.	1994		5.	1800	
2.	1980		4.	2000		6.	1776	

Paso 3   Take the timeline that you did for the **Para entregar** activity on pages 106–107 of this lesson and see if you can narrate the events out loud.

> MODELO   Hay cinco (seis, etcétera) fechas importantes que quiero comentar. Bueno, una fecha es 1955, el año en que nací...

B.   Using the following questions as a guide, write a short essay in which you compare a parent's (grandparent's, instructor's, or anyone else's) life as a teenager with yours. Feel free to adjust as needed or to add any information that you wish.

1. ¿Dónde vivía esta persona de adolescente? ¿Iba a la escuela y trabajaba o sólo iba a la escuela? ¿Qué tipo de estudiante era? Para ir a la escuela o al trabajo, ¿cómo iba? ¿Tomaba el autobús? ¿Caminaba? ¿Iba solo/a en auto? ¿Alguien lo/la llevaba en auto? ¿Cómo pasaba su tiempo libre? ¿Salía mucho con los chicos (las chicas)? ¿Se llevaba bien con los padres?
2. ¿Dónde vivías tú de adolescente? ¿Ibas a la escuela y trabajabas o sólo ibas a la escuela? ¿Qué tipo de estudiante eras? Para ir a la escuela o al trabajo, ¿cómo ibas? ¿Tomabas el autobús? ¿Caminabas? ¿Ibas solo/a en auto? ¿Alguien te llevaba en auto? ¿Cómo pasabas tu tiempo libre? ¿Salías mucho con los chicos (las chicas)? ¿Te llevabas bien con tus padres?

C.   Select three of the following ideas and write a comparison for each, using **tan... como, tanto... como, tantos... como, tantas... como.** Practice saying each out loud.

1. tu tiempo libre ahora y tu tiempo libre de adolescente

_____

2. tus preocupaciones ahora y las que tenías de adolescente

_____

3. lo que pesas (*you weigh*) ahora y lo que pesabas de adolescente

_____

4. tu actividad física ahora y la actividad física de adolescente
   (Nota: Puedes usar una de las siguientes expresiones: **ser activo/a, jugar deportes, hacer ejercicio.**)

_____

5. las horas que dormías de adolescente y las que duermes ahora

_____

*D. Answer the question based on what you read or heard in this lesson.

¿Tienen España y los países de Latinoamérica más o menos la misma esperanza de vida? Explica.

_____

_____

UNIDAD **tres**

LECCIÓN

7

EN LA MESA

¿QUÉ SUELES COMER?

In this lesson of the Manual *you will*
- practice describing what you eat for breakfast, lunch, and dinner
- practice using indirect object pronouns

Vistazos

Los hábitos de comer

Vocabulario esencial: ¿Cuáles son algunos alimentos básicos?

Talking About Basic Foods in Spanish

Actividad A   ¿Tienes buena memoria?

Paso 1   Estudia la lista de alimentos en tu libro de texto. Concéntrate en los nombres y fíjate en qué categoría va cada uno.

*Paso 2   Ahora, sin consultar el libro de texto, escribe cada alimento en la lista apropiada.

el arroz	las frutas	las papas
las carnes	la leche	el pollo
los cereales	la lechuga	el helado
los espaguetis	el maíz	la toronja
las fresas	la mantequilla	

CALCIO

1. _____
2. _____

PROTEÍNAS

1. _____
2. _____

VITAMINAS Y FIBRA

1. _____
2. _____
3. _____
4. _____
5. _____
6. _____

CARBOHIDRATOS Y FIBRA

1. _____
2. _____
3. _____

GRASAS

1. _____

*Actividad B   ¿Cuál se describe?

Vas a escuchar una serie de descripciones de diferentes alimentos. Para cada descripción escoge (*choose*) el alimento que le corresponda (*that corresponds to it*) mejor.

MODELO   (*oyes*) Esta fruta roja es alta en fibra. Se asocia con los profesores. →
(*escoges*) la manzana

1. a. el queso   b. el aceite de oliva   c. la leche
2. a. el aguacate   b. la toronja   c. el melón
3. a. las papas   b. las uvas   c. las espinacas
4. a. el jamón   b. los frijoles   c. los huevos
5. a. la banana   b. la naranja   c. el maíz
6. a. el atún   b. la hamburguesa   c. la chuleta de cerdo
7. a. la lechuga   b. la zanahoria   c. el arroz
8. a. el pan integral   b. las nueces   c. el helado

Actividad C Otras categorías

Basándote en el modelo, escribe una oración relacionada con cada alimento.

MODELO   los guisantes: verde, amarillo →
Los guisantes suelen ser verdes.

1. las bananas: rojo, amarillo

   _____

2. el interior de la papa: blanco, marrón

   _____

3. los tomates: rojo, marrón

   _____

4. la mantequilla de cacahuete: rojo, marrón

   _____

5. los limones: dulce, agrio

   _____

6. el atún: salado, dulce

   _____

Vocabulario esencial: ¿Qué meriendas?

Talking About Snacks and Snacking

Actividad D ¿Cierto o falso?

Vas a escuchar una serie de afirmaciones sobre las meriendas. Indica si cada afirmación es cierta o falsa.

MODELO   *(oyes)* La fruta es una merienda muy buena para los niños. →
(marcas) cierto

	CIERTO	FALSO
1.	☐	☐
2.	☐	☐
3.	☐	☐
4.	☐	☐
5.	☐	☐
6.	☐	☐

Actividad E Más definiciones

Escoge la respuesta que mejor corresponda a cada descripción. Marca la letra de la respuesta correcta en cada caso.

MODELO Es un alimento pequeño y dulce. Algunos son de chocolate.
           ⓐ los dulces   b. las palomitas   c. las patatas fritas

1. Este alimento consiste en maíz tostado. Es pequeño y blanco.

   a. las galletas

   b. la máquina vendedora

   c. las palomitas

2. Es la merienda favorita de muchos niños. Las comen con leche cuando regresan de la escuela.

   a. las papas fritas

   b. las galletas

   c. tener hambre

3. Es el verbo que describe la condición física de una persona que necesita comer algo.

   a. tener hambre

   b. traer

   c. merendar

4. Es una verdura que se fríe (*is fried*) en aceite. Se compra en paquetes.

   a. las papas fritas

   b. los pasteles

   c. los dulces

5. Es algo salado, fácil de preparar en el microondas (*microwave*) y también se come en el cine.

   a. las patatas fritas

   b. las palomitas

   c. los dulces

Comunicación

 Para entregar ¿Qué sueles merendar?

Paso 1 En una hoja aparte (*On another sheet of paper*), contesta las siguientes preguntas.

1. Si meriendas, ¿a qué hora sueles merendar? (Si no meriendas, explica por qué no.)
2. ¿A qué horas del día te da hambre? ¿Siempre comes o meriendas cuando tienes hambre?
3. Indica qué alimentos meriendas y cómo los consigues (por ejemplo, si los compras, si los traes de tu casa a la universidad, etcétera).

Paso 2 Basándote en las respuestas a las preguntas del **Paso 1,** completa una de las siguientes oraciones.

    Es evidente que...   Soy una persona que / a quien...   Para mí, la merienda...

Vistazos

A la hora de comer

Vocabulario esencial: ¿Qué desayunas? Talking About What You Eat for Breakfast

*Actividad A   Asociaciones

Escucha las cinco cosas mencionadas en el programa auditivo. Marca la palabra que asocias con cada una.

>   MODELO   (*oyes*) el jugo →
>   (*marcas*) a.   las galletas   b.   las nueces   ⓒ las naranjas

1.   a.   los carbohidratos   b.   las grasas   c.   las vitaminas

2.   a.   la mantequilla   b.   los frijoles   c.   el helado

3.   a.   la vaca (*cow*)   b.   el puerco (*pig*)   c.   la gallina (*chicken*)

4.   a.   un sabor salado   b.   las frutas   c.   las proteínas

5.   a.   un sabor agrio   b.   una forma redonda   c.   el color amarillo

*Actividad B   ¿Qué incluye y qué no incluye?

Sin consultar el libro de texto, escoge la mejor manera de completar cada oración.

1.   El desayuno español no suele incluir...

    a.   ☐ huevos revueltos.

    b.   ☐ tostadas con mermelada.

2.   El desayuno norteamericano puede consistir en...

    a.   ☐ churros y café.

    b.   ☐ huevos fritos y café.

3.   Los dos desayunos (el español y el norteamericano) pueden incluir...

    a.   ☐ café.

    b.   ☐ tocino.

4.   El desayuno español puede incluir...

    a.   ☐ tocino.

    b.   ☐ bollería variada.

5.   Los panqueques y las salchichas son más típicos del desayuno...

    a.   ☐ español.

    b.   ☐ norteamericano.

*Actividad C   El desayuno

Paso 1   Vas a escuchar a cinco personas describir lo que desayunan. Escoge el dibujo que corresponda a cada descripción y escribe el nombre de la persona en el espacio.

1.   2.   3.   4.   5.

_____   _____   _____   _____   _____

Paso 2   En la tabla a continuación, copia los nombres del **Paso 1** en la primera columna. Luego, completa la tabla escribiendo los alimentos que cada persona suele comer en las categorías apropiadas.

PERSONA	PRODUCTOS LÁCTEOS	CARNES	FRUTA/VERDURAS	CARBOHIDRATOS
1. Carlos	leche	jamón, huevos	ninguna	pan tostado
2. _____	_____	_____	_____	_____
3. _____	_____	_____	_____	_____
4. _____	_____	_____	_____	_____
5. _____	_____	_____	_____	_____

Vocabulario esencial: ¿Qué comes para el almuerzo y para la cena?

Talking About What You Eat for Lunch and Dinner

*Actividad D   ¿Cuál se describe?

Escoge la respuesta que mejor corresponda a cada descripción.

MODELO   Es una combinación de verduras crudas. Puede incluir lechuga, tomate y otras verduras. →
a.   las papas fritas   (b.)   la ensalada mixta   c.   las lentejas

1.   Es un alimento que se asocia con la comida rápida. Consiste en pan, queso y carne.

a.   el refresco   b.   la hamburguesa con queso   c.   el filete de ternera

2.   Es una bebida alcohólica que se toma fría para el almuerzo, la cena y también en las fiestas.

a.   el agua   b.   el jugo de naranja   c.   la cerveza

3.   Es la comida más importante del día para los españoles.

a.   el desayuno   b.   el almuerzo   c.   la cena

4. Es un postre que se prepara con huevos, leche y azúcar.

   a. el flan   b. la gelatina   c. las patatas

5. Es un alimento que los norteamericanos suelen tomar en el desayuno y los españoles en la cena.

   a. el vino   b. los huevos fritos   c. las legumbres variadas

**Actividad E*   Más definiciones

Vas a escuchar tres posibles definiciones de cada alimento a continuación. Marca la letra que dé (*gives*) la mejor definición de cada uno.

1.	la hamburguesa	a	b	c
2.	la tortilla de chorizo	a	b	c
3.	el emperador a la plancha	a	b	c
4.	los guisantes	a	b	c
5.	la tarta	a	b	c

**Actividad F*   Una conversación sobre la comida

Estás en el centro comercial (*mall*) y oyes una conversación entre dos personas. Escucha bien y contesta las preguntas que siguen.

1. ¿Qué piensan hacer estas personas?

   a. Dar una fiesta.   b. Hacer un picnic.   c. Comer en un restaurante.

2. ¿De qué color va a ser su ensalada? Va a ser...

   a. de color verde y rojo.   b. de color blanco o amarillo.   c. de diferentes colores.

3. ¿Van a comer algo muy dulce de postre?

   sí   no

**Actividad G*   ¿Qué comida es?

Vas a escuchar cuatro conversaciones breves. Después de escuchar cada conversación, indica la mejor respuesta para cada pregunta.

1. ¿Qué pide el cliente?

   a. un almuerzo español

   b. una cena norteamericana

   c. una cena española

2. ¿Qué pide el cliente?

   a. un desayuno español

   b. una cena norteamericana

   c. un almuerzo norteamericano

3. ¿De qué comida hablan la mamá y el niño?

   a. de un desayuno español

   b. de una cena norteamericana

   c. de un desayuno norteamericano

4. ¿De qué comida hablan las amigas?

   a. de un almuerzo norteamericano

   b. de un almuerzo español

   c. de un desayuno español

Comunicación

Para entregar   Tu dieta

Paso 1   En una hoja aparte, haz una lista de los alimentos que comiste ayer. Da todos los detalles posibles.

DESAYUNO   ALMUERZO   CENA

Paso 2   Analiza la lista del **Paso 1** usando la siguiente tabla como guía.

Mis comidas incluyen...

	DESAYUNO	ALMUERZO	CENA
productos lácteos	☐	☐	☐
carnes, aves, etcétera	☐	☐	☐
frutas y verduras	☐	☐	☐
carbohidratos	☐	☐	☐
grasas	☐	☐	☐

Mis comidas proporcionan...

	DESAYUNO	ALMUERZO	CENA
calcio	☐	☐	☐
proteínas	☐	☐	☐
vitaminas y fibra	☐	☐	☐
carbohidratos y fibra	☐	☐	☐

Paso 3   Según el análisis que hiciste en el **Paso 2,** escribe un breve resumen de tu dieta.

MODELOS   Creo que mi dieta es bien equilibrada. Por ejemplo, suelo desayunar _____.
Almuerzo...

Mi dieta no es equilibrada. Suelo desayunar _____. Es evidente que el desayuno no me proporciona _____. Almuerzo...

Vistazos

Los gustos

Gramática esencial: ¿Que si me importan los aditivos?

Other Verbs Like **gustar** and the
Indirect Object Pronoun **me**

Actividad A   ¿Eres atrevido/a?°

¿Eres... *Are you daring?*

Paso 1   Read the following series of statements about exotic foods. What do you think of these foods? Check off your response to each.

		¡SÍ!	¡NO!	NO SÉ
1.	Me encanta la anguila (*eel*) frita.	☐	☐	☐
2.	Me encantan los huevos encurtidos (*pickled*).	☐	☐	☐
3.	Me gusta la lengua de vaca (*cow's tongue*).	☐	☐	☐
4.	Me encanta el pulpo (*octopus*).	☐	☐	☐
5.	Me fascinan los saltamontes (*grasshoppers*) cubiertos de chocolate.	☐	☐	☐
6.	Me gusta mucho el tiburón (*shark*).	☐	☐	☐
7.	Me encanta la zarigüeya (*possum*).	☐	☐	☐
8.	Me gustan los calamares.	☐	☐	☐
9.	Me gusta la morcilla (*blood pudding*).	☐	☐	☐

Paso 2   Basándote en tus respuestas en el **Paso 1,** escoge la afirmación que mejor te describa (*describes you*).

1.   ☐ Soy muy atrevido/a. Me gusta probar comidas exóticas.

2.   ☐ Soy más o menos atrevido/a. A veces me interesa probar los platos exóticos.

3.   ☐ No soy nada atrevido/a respecto a lo que como. No me gusta la comida exótica.

*Actividad B   ¿Quién?

On the audio program a young married couple discusses which restaurant to eat in. Manolo and Estela have very different tastes when it's a matter of the kind of food they like. Listen to the dialogue and then read the statements below. Indicate which person you think would make each statement.

		MANOLO	ESTELA
1.	Prefiero ir al restaurante El Jardín. Tienen un buffet de ensalada excelente.	☐	☐
2.	No me importa donde comamos. A mí me encanta todo.	☐	☐
3.	Creo que voy a pedir las chuletas de cerdo.	☐	☐
4.	¿Dónde está mi revista (*magazine*) *La vida vegetariana*?	☐	☐
5.	Vamos a McDonald's. Me apetece una hamburguesa.	☐	☐

Gramática esencial: ¿Te importan los aditivos?

*Actividad C   Si eres...

For each statement below, select the words that best complete the sentence.

1. Si eres altruista, te importa(n)...

   a. el dinero   b. los sentimientos de otros   c. la salud física

2. Si eres conservador, no te gustan...

   a. los cambios liberales   b. las universidades   c. las tradiciones

3. Si eres espontáneo, te agrada...

   a. hacer muchos planes   b. ser libre   c. ser rutinario

4. Si eres filantrópico, te importa...

   a. acumular dinero   b. la política   c. regalar dinero

5. Si eres paranoico, te molesta(n)...

   a. los secretos de otros   b. la educación   c. la economía

6. Si eres introvertido, te molesta(n)...

   a. cazar (to hunt) animales   b. quedarte en casa   c. hablar con desconocidos (strangers)

Actividad D   ¡Tantas preocupaciones!

Paso 1   It's been said that the college years are the best time in a person's life—and the most worry-free! However, students do have many things that concern them. How do you respond to the following questions?

		SÍ	NO
1.	¿Te importa sacar buenas notas?	☐	☐
2.	¿Te gusta estudiar materias nuevas?	☐	☐
3.	¿Te importa conocer a tus profesores?	☐	☐
4.	¿Te gusta ir a fiestas?	☐	☐
5.	¿Te gusta participar en organizaciones extraescolares?	☐	☐
6.	¿Te importa ir a los partidos de fútbol, básquetbol, etcétera?	☐	☐
7.	¿Te importa comer bien?	☐	☐
8.	¿Te importa ser activo, hacer ejercicio?	☐	☐
9.	¿Te importa dormir lo suficiente?	☐	☐

Paso 2   Now interview a classmate (or someone else who speaks Spanish) and ask him/her the same questions. Note his/her responses.

Paso 3 How do your responses compare? Select the phrase(s) below that best describe(s) how you both responded.

1. ☐ A los dos nos importa mucho el componente académico de la universidad: nos importan las notas, las materias y los profesores.

2. ☐ A los dos nos importa mucho el aspecto social de la universidad: nos importan las fiestas, las organizaciones y los deportes.

3. ☐ A los dos nos importa mucho la salud (*health*): nos importan la dieta, el ejercicio y el sueño.

Gramática esencial: ¿Le pones sal a la comida?

Le and **les** as Third-Person Indirect Object Pronouns

*Actividad E   ¿Objeto indirecto o sujeto? (I)

Indicate who is performing the action and who the indirect object is in each statement.

> MODELO   Les dicen los niños muchas mentiras (*lies*) a sus amigos. →
> a. _____kids_____ tell lies
> b. ____friends____ are told the lies

1. El estudiante le entrega la tarea a la profesora.

   a. _____ gives the homework

   b. _____ is given the homework

2. Los clientes le piden sal a la mesera.

   a. _____ ask(s) for salt

   b. Salt is requested from _____

3. La señora García les pregunta a los estudiantes si estudian mucho.

   a. _____ ask(s) about studying

   b. _____ is/are asked about studying

4. Los padres les leen cuentos (*stories*) a sus hijos.

   a. _____ read stories

   b. Stories are read to _____

5. Claudia le compra flores a su novio.

   a. _____ buys flowers

   b. Flowers are bought for _____

*Actividad F   ¿Objeto indirecto o sujeto? (II)

Select the picture that goes best with what the speaker says.

1. a.   b.

2. a.   b.

3. a.   b.

4. a.   b.

(continued)

5. a.   b.

*Actividad G   ¿Objeto indirecto o sujeto? (III)

Keeping in mind that word order in Spanish is more flexible than in English and that Spanish uses the little word **a** to mark both direct and indirect objects, select the drawing that correctly captures what the sentence says.

1.   A Susanita no le gusta Felipe para nada.   2.   A mis padres no les gustan mis amigos.

a.   b.   a.   b.

                                             «¡Tus amigos son   «No queremos hablar
                                             unos brutos!»   con tus padres.»

3.   A los García no les gustan los Suárez.

a.   b.

«De acuerdo. Los García   «De acuerdo. Los Suárez
son antipáticos (*unpleasant*).   son antipáticos. No vamos
No vamos a invitarlos.»   a invitarlos.»

4. Al perro no le gusta el gato.

a.   b.

Actividad H   Bebidas

In the textbook, you completed activities in which you talked about what you do and don't put on foods. But what about drinks (**bebidas**)?

Paso 1   Check off those items that you believe people commonly put in drinks. The last one is left blank for you to add new information.

1. Al café, muchas personas...

    ☐ le ponen azúcar.

    ☐ le ponen leche.

    ☐ le ponen miel (*honey*).

    ☐ no le ponen nada.

    ☐ le ponen _____.

2. Al té, muchas personas...

    ☐ le ponen azúcar.

    ☐ le ponen leche.

    ☐ le ponen miel.

    ☐ le ponen limón.*

    ☐ no le ponen nada.

    ☐ le ponen _____.

3. A la cerveza, muchas personas...

    ☐ le ponen sal.

    ☐ le ponen limón.

    ☐ no le ponen nada.

    ☐ le ponen _____.

4. Al chocolate caliente, muchas personas...

    ☐ le ponen canela (*cinnamon*).

    ☐ le ponen nata (*whipped cream*).

    ☐ no le ponen nada.

    ☐ le ponen _____.

Paso 2   Now write one or more sentences to indicate what you put in **café, té, cerveza,** and **chocolate caliente.** Follow the models provided.

> MODELOS   Al café le pongo leche.
>   No le pongo nada al café. Me gusta tomarlo solo.

1. _____

2. _____

3. _____

4. _____

_____

*****Limón** can mean either *lemon* or *lime.*

Comunicación

Para entregar   Tus acciones

On a separate sheet of paper, write a series of sentences using the following phrases to tell what you do to or for other people. You may add whatever information or words you like, such as **nunca** and **a veces,** and you may talk about family or friends.

prestar (*to lend*) dinero
escribir cartas
mandar tarjetas (*to send greeting cards*)
hablar de mis problemas

decirles qué es importante en mi vida
pedir dinero
guardar (*to keep*) secretos

MODELO   Nunca les hablo a mis padres de mis problemas. No me comprenden.

Prueba de práctica

En esta lección

- describiste lo que sueles desayunar, almorzar y cenar
- contrastaste las comidas de los países hispanos y los Estados Unidos
- aprendiste más sobre los pronombres de complemento indirecto

*A. Definiciones. Match the phrase in column A with the most logical item in column B.

A

1. _____ Este plato español se prepara con papas, huevos y cebollas.

2. _____ Esta fruta se usa en la fabricación de vino.

3. _____ Este carbohidrato es la base de muchos platos chinos.

4. _____ A los cuervos (crows) les encanta esta verdura.

5. _____ Esta grasa líquida se usa mucho en la dieta mediterránea.

6. _____ Éstos muchas veces forman parte del desayuno norteamericano.

7. _____ Este plato no aparece en la carta (menu) de un restaurante vegetariano.

8. _____ Este postre de huevos, leche y azúcar se come mucho en países latinos.

B

a. el arroz
b. una tortilla
c. el flan
d. un sandwich de rosbif
e. las uvas
f. el aceite de oliva
g. los panqueques
h. el maíz

B. Paso 1   Your academic advisor has invited some students to a dinner at his/her home. What might be a typical American menu? Generate a list of four different food items that might be served. Also include a beverage.

_____   _____

_____   _____

_____

Paso 2   If your Spanish instructor invites the class to a typical Spanish lunch, what might he or she serve? Generate a list of three different food items that could appear on the menu. Also include a beverage.

_____   _____

_____   _____

Listen to two conversations between people deciding what to do this evening and then answer the questions below.

DIÁLOGO 1

Based on the conversation between Felipe and Mateo, which of the following most accurately depicts their plans for the evening?

1. ☐ Comer en el Palacio de Hunan y luego ir al cine.

2. ☐ Comer en el restaurante Los Tres Bandidos y volver a casa.

3. ☐ Comer en la pizzería y luego ir a bailar.

DIÁLOGO 2

Based on the conversation between Susana and Eva, which of the following most accurately depicts their plans for the evening?

1. ☐ Preparar una comida en casa y luego ir a un concierto.

2. ☐ Ir a un concierto y luego tomar una copa.

3. ☐ Ir a un concierto y luego volver a casa.

🎧 **D.** Listen as the speaker (hypothetically!) describes the likes and dislikes of different people and match the numbers on the audio program with the correct names below.

a. _____ Hillary Clinton

b. _____ J. D. Salinger

c. _____ Rush Limbaugh

d. _____ los estudiantes de español

e. _____ Carl Sagan

🎧 **E.** Listen as the speaker on the audio program asks you some questions about your eating habits. Answer the questions orally.

1... 2... 3... 4...

F. Answer the following questions based on information you learned throughout **Lección 7.**

1. ¿En qué se diferencian un desayuno norteamericano y un desayuno español?

   _____

   _____

2. ¿Qué son las «tapas» y a qué hora se suelen tomar? ¿Cómo se originó la costumbre de «ir de tomar tapas»?

   _____

   _____

L E C C I Ó N

8

¿QUÉ SE HACE CON LOS BRAZOS?

In this lesson of the Manual *you will*
- practice talking about eating at home and in a restaurant
- practice using the impersonal **se** and the passive **se**

Vistazos

Vocabulario esencial: ¿Qué hay en la mesa?

Talking About Eating at the Table

Actividad A ¿Qué haces?

A continuación hay una lista de actividades que muchas personas hacen al sentarse a la mesa en un restaurante. ¿Qué haces tú? Marca las cosas que sueles hacer. (¡**OJO!**: Las actividades no están en ningún orden en particular.)

		SÍ	NO
1.	Me pongo la servilleta en las piernas.	☐	☐
2.	Pido (*I order*) una jarra de agua.	☐	☐
3.	Leo la lista de entremeses (*appetizers*) en el menú.	☐	☐
4.	Inspecciono (*I inspect*) los cubiertos (el tenedor, el cuchillo, la cuchara).	☐	☐
5.	Pido una copa de vino.	☐	☐
6.	Pido una taza de café.	☐	☐
7.	Limpio la silla (antes de sentarme).	☐	☐
8.	Leo la lista de vinos.	☐	☐
9.	Pongo los brazos encima de (*on top of*) la mesa.	☐	☐
10.	Me fijo en (*I check out*) los precios en el menú.	☐	☐

Actividad B Asociaciones

Paso 1 Para cada objeto a continuación escribe una palabra asociada que se te ocurra (*that occurs to you*).

1. el cuchillo _____
2. la copa _____
3. el plato _____
4. el tenedor _____
5. la taza _____
6. la servilleta _____
7. la jarra _____
8. el salero _____

Paso 2 Escucha mientras una persona le da a su amiga un *test* de asociación utilizando los objetos del **Paso 1.** ¿Da la amiga las mismas asociaciones que tú?

🎧 Actividad C   ¿Qué falta?

Lee cada conversación a continuación y rellena los espacios en blanco con algo lógico. Luego escucha el programa auditivo para ver si has escrito lo mismo que aparece en la conversación «original».

CONVERSACIÓN 1

ANA MARÍA: (*mirando sus papas fritas*) ¿Me pasas _____, por favor?

RAMÓN: Sí. Como no.

ANA MARÍA: Gracias.

RAMÓN: Oye. ¿No te preocupas por la presión de sangre (*blood*)?

CONVERSACIÓN 2

MAMÁ: ¡Manuel! ¿Me ayudas (*help*) a _____? Vamos a comer en unos minutos.

MANUEL: (*gritando desde su cuarto*) ¡Sí, mami! ¡Ahora voy!

CONVERSACIÓN 3

GRACIELA: La cena estuvo deliciosa, Elena.

ROBERTO: Sí, sí. Todo muy rico.

ELENA: Gracias. ¿Pasamos a la sala (*living room*) a tomar un coñac?

GRACIELA: Déjame ayudarte a _____.

ELENA: ¡Ay, Graciela! ¡Si eres la invitada! ¡Te invité a cenar, no a trabajar!

CONVERSACIÓN 4

RAMONCITO: Mami. Enséñame a poner la mesa.

MAMÁ: Bueno. Trae los cubiertos.

RAMONCITO: Aquí los tengo.

MAMÁ: A ver. _____ va a la izquierda (*left*) del plato.

RAMONCITO: ¿Así?

MAMÁ: Precisamente. Ahora _____ y _____ van a la derecha (*to the right*).

RAMONCITO: ¿Así?

MAMÁ: No, mi amor. Los tienes al revés...

Gramática esencial: ¿Se debe... ?

Impersonal **se**

Actividad D   En McDonald's

Which of the following statements about McDonald's do you agree with or disagree with?

	DE ACUERDO	NO DE ACUERDO
En McDonald's...		
1. se puede comer a muy buen precio (*cheaply*).	☐	☐
2. se debe llevar ropa (*clothing*) elegante.	☐	☐

	DE ACUERDO	NO DE ACUERDO
3. se comen alimentos nutritivos.	☐	☐
4. no se debe poner los codos en la mesa.	☐	☐
5. se puede pedir una cerveza.	☐	☐
6. se puede pedir papas fritas.	☐	☐
7. se suele comer con cuchillo y tenedor.	☐	☐
8. se suela dejar propina.	☐	☐
9. se puede pedir la comida sin salir del carro.	☐	☐
10. no se suele servir a los niños.	☐	☐

*Actividad E   Situaciones y resultados

Paso 1   Match each situation with a possible result from the list given. **¡OJO!** More than one result may be possible for a given situation.

SITUACIONES

1. _____ Se vive en Los Ángeles.
2. _____ Se toma mucho café.
3. _____ Se come mucha fruta.
4. _____ Se estudia todos los días.
5. _____ Se come mucho helado.
6. _____ Se va de compras.
7. _____ Se hace ejercicio aeróbico.
8. _____ Se acuesta uno tarde.
9. _____ Se hace la carrera de lenguas.
10. _____ Se consume mucha carne.

RESULTADOS

a. Se respira aire contaminado.
b. Se sale mejor en los exámenes.
c. Se habla español.
d. Se engorda (*gain weight*).
e. Se gasta (*spend*) dinero.
f. Se queja uno de la densidad del tráfico.
g. Se ingiere (*ingest*) mucha cafeína.
h. Se sufre de enfermedades cardiovasculares.
i. Se siente uno saludable (*healthy*).
j. Se consume una gran cantidad de vitaminas.
k. Se aprende (*learn*) mucho.
l. Se ingiere mucha grasa.
m. Se duerme poco.
n. Se reduce la presión sanguínea.
o. Se sufre de insomnio.

Actividad F   Recomendaciones

Listen to the speaker describe three generic situations. Select the most appropriate recommendation(s) from the choices listed. Can you think of others?

SITUACIÓN 1: La comida

☐ Se debe ir al supermercado.

☐ Se debe pedir prestada (*borrow*) a un vecino (*neighbor*).

☐ Se debe preparar el plato con otros ingredientes.

SITUACIÓN 2: El carro

☐ Se debe visitar un concesionario (*dealership*) de automóviles y hablar con un agente.

☐ Se debe consultar una revista especializada como *Car & Driver* o *Consumer Report*.

☐ Se debe hablar con amigos.

SITUACIÓN 3: El español

☐ Se debe ir a vivir en Miami o Los Ángeles.

☐ Se debe hacer amigos hispanohablantes.

☐ Se debe comprar los discos de Julio Iglesias.

Comunicación

Para entregar   ¡Feliz cumpleaños!

You have been invited along with some classmates and your Spanish instructor to dinner to celebrate another classmate's birthday. What sort of thing should a person do in anticipation of this dinner (e.g., buy a bottle of wine? prepare a dessert? arrive early to find a parking spot?). What are some things that you would expect to happen at the party (e.g., play music during dinner? choose from a selection of entreés at the cafeteria?). Write a composition in which you describe what generally happens so that your instructor knows what to expect. Include at least five statements using the impersonal **se.**

VOCABULARIO ÚTIL
antes de   *before*
después de   *after*

MODELO   Antes de ir a la fiesta, se debe comprar una botella de vino.

Vistazos

Las dietas nacionales

Vocabulario esencial: ¿Hay que... ?

Expressing Impersonal Obligation

Actividad A   Los modales en la clase de español

Los buenos modales son importantes en la mesa, pero también importan en otras situaciones. ¿Hay modales o reglas (*rules*) que se adoptan en tu clase de español? Marca si son ciertas o falsas las siguientes frases.

		CIERTO	FALSO
1.	Hay que levantar la mano antes de hablar.	☐	☐
2.	Es necesario colaborar con otros estudiantes y tener una actitud positiva.	☐	☐
3.	Se debe llegar a tiempo (*on time*).	☐	☐
4.	No se puede tomar refrescos ni comer en el salón de clase (*classroom*).	☐	☐
5.	No se puede fumar en el salón de clase.	☐	☐
6.	Es imprescindible hablar español todo el tiempo.	☐	☐
7.	Se debe respetar las opiniones de los otros.	☐	☐
8.	No se puede hablar durante los exámenes.	☐	☐

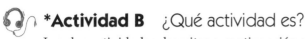

*Actividad B   ¿Qué actividad es?

Las dos actividades descritas a continuación son actividades típicas. Escucha lo que dice la persona en el programa auditivo y escribe la información apropiada en los espacios en blanco. Luego estudia cada situación para ver si puedes determinar qué actividad se describe. Escucha otra vez si te es necesario.

PRIMERA ACTIVIDAD

Primero, _____.[1] Si no, puede ser catastrófico el resultado. También _____[2] para ver si no contienen algún objeto olvidado. _____[3] requiere el proceso. Seguramente no quieres dañar (*to damage*) los objetos. Al final del proceso, _____,[4] sacudirlos (*shake them*) bien y luego someterlos a otro proceso para completar la actividad.

1. _____

2. _____

3. _____

4. _____

Actividad _____

SEGUNDA ACTIVIDAD

_____.[5] Si se espera una semana o más sin hacerlo, el trabajo se acumula y puede ser monumental. _____,[6] por ejemplo, sin el ruido de la televisión o sin música. _____[7] y revisar lo que se ha hecho. Así el efecto de la actividad es mayor que si se hace ligeramente. También _____[8] y hacer anotaciones. Si no se hace esto, se puede perder información de mucho valor.

5. _____

6. _____

7. _____

8. _____

Actividad _____

Gramática esencial: ¿Se consumen muchas verduras?

Passive **se**

*Actividad C   ¿Dónde se... ?

How much do you know about the origin of things we use every day? Indicate where each activity occurs.

1. Se producen muchos carros en...

   a. Chicago.   b. Detroit.   c. Ft. Lauderdale.

2. Se cultivan naranjas en...

    a. Florida.   b. Wisconsin.   c. Kansas.

3. Se pescan (*are caught*) langostas en...

    a. Dakota del Sur.   b. Maine.   c. Oklahoma.

4. Se cultivan papas en...

    a. Idaho.   b. Illinois.   c. Tennessee.

5. Se crían caballos (*horses*) en...

    a. Vermont.   b. Carolina del Sur.   c. Kentucky.

6. Se lanzan (*launch*) satélites en...

    a. Nueva Jersey.   b. Florida.   c. Oregón.

7. Se filman películas en...

    a. Hollywood.   b. Des Moines.   c. Akron.

8. Se cultivan manzanas en...

    a. Texas.   b. Colorado.   c. Washington.

Actividad D   Normalmente...

Paso 1   Match the items in column A with the descriptions in column B.

A

Normalmente...

1. _____ los dulces...

2. _____ el café...

3. _____ los huevos...

4. _____ el vino...

5. _____ las palomitas...

6. _____ la merienda...

7. _____ la leche...

8. _____ las ensaladas...

B

a. se sirven en el cine.
b. se hace de uvas blancas o rojas.
c. se deben evitar si uno está a dieta.
d. se sirven frías.
e. se sirven de desayuno si uno es norteamericano.
f. se puede tomar con chocolate.
g. se exporta de Colombia.
h. se toma por la tarde.

Paso 2   Now compare your answers with those on the audio program.

Comunicación

Para entregar   Un *quiz*

Prepare a quiz for your instructor about your city and university and the things you can do there.

Paso 1   On the left side of a sheet of paper, list eight places in the city or on campus (for example, **la biblioteca, el teatro, un restaurante, una tienda,** and so forth). Number them from 1 to 8.

Paso 2 On the right side of the sheet, list an activity that people do in each place. **¡OJO!** The discrip>tions shouldn't appear in the same order as the eight places. Letter each description from A to H.

> MODELO 1. _____ la librería   a. Se venden frutas.
> 2. _____ el mercado Pete's   b. Se venden libros.

Paso 3 Hand in the quiz to your instructor and see how well he/she does.

Vistazos

En un restaurante

Vocabulario esencial: ¿Para dos?

Talking About Eating in Restaurants

*Actividad A   Selecciones

Escoge la mejor respuesta para cada definición a continuación.

1. A la persona que sirve la comida y las bebidas en un restaurante se le da este nombre.

   a. el cliente   b. la propina   c. el camarero

2. A la persona que prepara la comida se le da este nombre.

   a. el plato   b. el cocinero   c. la propina

3. Este verbo es un sinónimo de **servir.**

   a. dejar   b. atender   c. pedir

4. En un restaurante, se refiere a la cantidad de dinero que se tiene que pagar.

   a. la cuenta   b. el cocinero   c. el cliente

5. Este verbo es el sinónimo de **ordenar.**

   a. dejar   b. pedir   c. atender

6. Esto se refiere a la gratificación dada (*given*) por un servicio.

   a. la cuenta   b. la mesera   c. la propina

7. Para muchos norteamericanos, una ensalada o una sopa es...

   a. el primer plato   b. el segundo plato   c. el tercer plato

*Actividad B   ¿Cuándo ocurre?

Escucha las conversaciones y luego decide si cada una tiene lugar (*takes place*) al principio (*at the begin->ning*) de la comida, durante la comida o al final.

1. □ al principio de la comida
   □ durante la comida
   □ al final de la comida

2. □ al principio de la comida
   □ durante la comida
   □ al final de la comida

3. □ al principio de la comida
   □ durante la comida
   □ al final de la comida

Comunicación

Para entregar   El camarero y los clientes

Copia el siguiente diálogo en una hoja aparte. Complétalo con frases y palabras apropiadas de la lista. No es necesario usar todas las palabras.

la propina	el cocinero	¿qué trae... ?
la cuenta	primer plato	segundo plato
atender	ensalada de tomate	una jarra
pedir	atender	¿está todo bien?

CAMARERO: Buenas tardes. ¿Les traigo un aperitivo?

HOMBRE: Para mí, nada.

MUJER: Pues, quisiera (*I would like*) un Campari. Y _____ de agua para la mesa, por favor.

CAMARERO: Muy bien, señora. ¿Y están listos (*are you ready*) para _____?

HOMBRE: No, pero tengo unas preguntas. ¿Hay alguna especialidad hoy?

CAMARERO: Bueno, el _____ ofrece (*offers*) un menú del día.

MUJER: ¿Y _____ el menú del día?

CAMARERO: Pues, de _____ trae una _____ o el gazpacho andaluz.* Y de _____ trae una paella o el emperador a la parrilla (*grilled*).

MUJER: ¿Y de postre?

CAMARERO: Tenemos un flan riquísimo.

HOMBRE: Ay, me encanta el flan. ¡Si me trae una porción bien grande de flan le dejo una buena _____!

CAMARERO: ¡De acuerdo!

_____

* A cold tomato-based soup served during the summer months.

Prueba de práctica

En esta lección...

- aprendiste vocabulario relacionado con comer en casa
- estudiaste el **se** impersonal y el **se** pasivo
- aprendiste vocabulario y expresiones relacionados con comer en un restaurante
- notaste algunas diferencias respecto a los hábitos de comer y los buenos modales entre los países hispanos y los Estados Unidos

A. *Paso 1   Completa cada oración con las palabras más lógicas.

1.   Los cubiertos consisten en el _____, el _____ y la _____.

2.   El vino se sirve en una _____, el agua se sirve en un _____.

3.   Aunque (*although*) los _____ tienen aspectos universales, pueden variar de cultura en

cultura. Lo que es apropiado en una no lo es en otra.

Paso 2   Escribe una definición de cada palabra o expresión a continuación o escribe una oración en que la usas.

1.   la taza _____

2.   levantar la mesa _____

3.   la servilleta _____

B.   Usando el **se** impersonal y el **se** pasivo, escribe una comparación de McDonald's y Denny's (u otro restaurante). Escribe por lo menos (*at least*) dos diferencias y dos semejanzas (*similarities*).

_____

_____

_____

_____

_____

C.   **Paso 1**   Completa cada oración de una manera lógica.

1.   El camarero es la persona que...

_____

2.   El cocinero es la persona que...

_____

3.   La propina es...

_____

*Paso 2   Escucha la conversación y luego contesta las siguientes preguntas.

1.   ¿En qué tipo de lugar ocurre la escena, en un lugar de comida rápida, en una cafetería o en un restaurante?

_____

2. ¿Ocurre la escena al principio de la comida o al final?

    _____

3. ¿Quién paga la cuenta y por qué?

    _____

4. ¿Cuánto le dejan de propina al camarero? ¿menos del 10 por ciento, entre el 10 y 20 por ciento o más del 20 por ciento?

    _____

D. Contesta oralmente cada pregunta según lo que has leído y escuchado en la **Lección 8.**

1. Mientras uno come, ¿qué se hace con los brazos y las manos en los países hispanos en contraste con lo que se suele hacer en los Estados Unidos?
2. Si vas a McDonald's en Madrid, ¿vas a pedir una hamburguesa con papas fritas para llevar? Explica tu respuesta.
3. ¿En qué consiste «la dieta mediterránea»? ¿Es buena o mala para la salud?

LECCIÓN

¿Y PARA BEBER?

In this lesson of the Manual *you will*
- practice talking about beverages
- review the forms and uses of the preterite
- review the impersonal **se** and the passive **se**

Vistazos

Las bebidas

Vocabulario esencial: ¿Qué bebes?

Talking About Favorite Beverages

*Actividad A   Ocasiones diferentes

Empareja (*Match*) cada bebida y la ocasión en que se la suele tomar. Hay varias combinaciones posibles.

BEBIDAS

1. _____ el vino blanco
2. _____ el café descafeinado
3. _____ el té de hierbas
4. _____ la cerveza
5. _____ la limonada con hielo
6. _____ el jugo de naranja
7. _____ la Coca-Cola
8. _____ el café
9. _____ el vino tinto
10. _____ la leche

OCASIONES

a. Se suele tomar cuando uno está mareado (*nauseated*).
b. Se toma en el verano cuando hace mucho calor.
c. Se toma con el pescado o los mariscos.
d. Muchas veces se toma por la mañana para despertarse.
e. Se toma por la mañana con el desayuno.
f. Se suele tomar en las fiestas.
g. Se toma cuando no se quiere ingerir cafeína.
h. Se suele tomar con la carne, o se le pone fruta para hacer una sangría.
i. Se toma fría por la mañana con cereal o caliente por la noche antes de acostarse.
j. Se toma en cualquier ocasión a cualquier hora del día. Es un refresco frío muy popular.

Actividad B   ¿Lógico o absurdo?

¿Te parece lógico beber café a las once de la noche? Escucha las situaciones en el programa auditivo y decide si las decisiones que se toman son lógicas o absurdas (¡en tu opinión!).

En mi opinión, me parece...

	LÓGICO	ABSURDO		LÓGICO	ABSURDO
1.	☐	☐	4.	☐	☐
2.	☐	☐	5.	☐	☐
3.	☐	☐			

Gramática esencial: ¿Qué bebiste?

Review of Regular Preterite Tense Verb
Forms and Use

Actividad C   La última vez que...

Do you remember what you had to drink the last time you were at the following places or did the following things? Mark those that apply.

1. La última vez que fui a un picnic...

   □ bebí cerveza.

   □ tomé un refresco.

   □ tomé una limonada.

   □ bebí agua fría.

2. La última vez que salí con mis amigos...

   □ tomé un café.

   □ bebí cerveza.

   □ tomé un refresco.

   □ tomé agua mineral.

3. La última vez que comí en un restaurante...

   □ pedí una cerveza.

   □ tomé un refresco.

   □ tomé vino.

   □ tomé un café.

4. La última vez que asistí a una fiesta...

   □ bebí cerveza.

   □ tomé un refresco.

   □ tomé un cóctel.

   □ bebí agua.

5. La última vez que cené con mi familia...

   □ bebí cerveza.

   □ tomé un refresco.

   □ bebí agua.

   □ tomé vino.

   □ bebí leche.

Reviewing your answers, do you find that your drink preferences change according to event and company? If you're like most people, they probably do!

*Actividad D   La vendedora automática

Most likely everyone has purchased a beverage from a vending machine (**vendedora automática**). Below are the steps a person usually follows to do so, but they are not in the right order. Arrange the steps appropriately. (Note: Some steps can be switched around.)

a. _____ Apreté (*I pressed*) el botón.

b. _____ Cogí (*I picked up*) el refresco.

c. _____ Hice la selección.

d. _____ Metí el dinero en la vendedora.

e. _____ Saqué el dinero del bolsillo (*pocket*).

f. _____ Cogí el cambio (paso optativo).

g. _____ Encontré la vendedora automática.

*Actividad E Anoche

Listen as two people discuss what they did last evening and then answer the questions below.

1. Anoche, Rosa... (*select all that apply*)

   a. tuvo que trabajar.

   b. fue a un concierto.

   c. cenó en un restaurante.

   d. salió con los amigos y bebió mucha cerveza.

   e. estudió para un examen.

   f. habló por teléfono con su familia.

   g. bebió mucho café.

2. Hoy, Rosa no puede dormir porque...

   a. bebió demasiada cerveza y tiene resaca (*hangover*).

   b. tiene que trabajar.

   c. bebió demasiado café y ahora la cafeína la afecta.

   d. tiene clases todo el día.

*Actividad F Las consecuencias de Torpe y Bobo°   Torpe... *Clumsy and Foolish*

For each of the episodes below select the most likely consequences.

Torpe y Bobo son buenos amigos. Los dos trabajan para la misma compañía y comparten un apartamento. Son muy simpáticos, pero tienen poco sentido común (*common sense*). Por ejemplo, la semana pasada decidieron lavar la ropa. No separaron la ropa blanca de la de colores. Y usaron una caja (*box*) entera de detergente. ¿Sabes lo que pasó? Escoge las consecuencias lógicas.

	SÍ	NO
1. Salió espuma (*foam*) de la lavadora.	☐	☐
2. La ropa blanca salió de multicolor.	☐	☐
3. No pasó nada. La ropa salió limpia y en buenas condiciones.	☐	☐
4. Se estropeó (**estropearse** = *to break down*) la lavadora.	☐	☐

En otra ocasión Torpe y Bobo decidieron hacer un viaje (*trip*) a Nueva York. Sacaron mil dólares en efectivo (*cash*) del banco. Viajaron por tren y llegaron a la ciudad a las diez de la noche. En vez de (*Instead of*) llamar un taxi, decidieron dar un paseo por el Parque Central para llegar al hotel.

¿Sabes lo que pasó? Selecciona las consecuencias lógicas.

	SÍ	NO
5. Llegaron al hotel sin problema alguno.	☐	☐
6. Un hombre les robó el dinero.	☐	☐
7. Se perdieron en el Parque y pasaron la noche allí.	☐	☐

Otro día vieron el anuncio de un astrólogo en la televisión. Torpe y Bobo querían (*wanted*) saber algo de su futuro, así que llamaron al astrólogo (¡a $4 por minuto!). Hablaron dos horas con él y le hicieron muchas preguntas.

¿Sabes lo que pasó? Selecciona las consecuencias lógicas que aparecen en la siguiente página.

	SÍ	NO
8. Todas las predicciones del astrólogo se realizaron (*came true*).	☐	☐
9. Torpe y Bobo se desilusionaron (*became disillusioned*) cuando las predicciones no se realizaron.	☐	☐
10. Torpe y Bobo tuvieron que pagar mucho dinero cuando les llegó la cuenta de la telefónica.	☐	☐

Actividad G Los estudiantes de español

The Spanish Department at your university is gathering some information from their students regarding language study and use. Answer **Sí** or **No** to the following questions.

	SÍ	NO
1. ¿Estudiaste español en la escuela secundaria?	☐	☐
2. ¿Visitaste algún país hispanohablante el año pasado?	☐	☐
3. ¿Consultaste con un tutor este semestre?	☐	☐
4. ¿Practicaste español fuera de clase?	☐	☐
5. ¿Consultaste con tu profesor(a) de español durante sus horas de oficina este semestre?	☐	☐
6. ¿Escuchaste música latina en casa este semestre?	☐	☐
7. ¿Viste un vídeo en español este semestre?	☐	☐
8. ¿Escribiste una composición en español este semestre?	☐	☐
9. ¿Utilizaste un diccionario bilingüe este semestre?	☐	☐

Comunicación

Para entregar ¿Eres astrólogo/a?

In **Actividad F** you read about Torpe and Bobo and their adventures with the astrology hotline. Do you think you have the ability to see the future, or the past, as the case may be? On a separate sheet of paper complete the activity below.

Paso 1 First, make a list of five things you did yesterday.

    MODELO Asistí a mi clase de biología.

Paso 2 Now, concentrate on a classmate from Spanish class and try to "predict" what he or she did yesterday. Write five things that you think that person did. Formulate questions based on your statements.

    MODELO Jane estudió en la biblioteca.

Paso 3 Call that person (or consult with him or her before the assignment is due!) and ask your questions. Note the responses.

    MODELO Jane, ¿estudiaste en la biblioteca ayer?

Paso 4 Write an essay in which you describe what you did and what your classmate did. If you both did the same thing, state it as such (e.g., **Los dos comimos en Taco Bell.**). Did your "predictions" bear out!?

Vistazos

Prohibiciones y responsabilidades

Gramática esencial: ¿Qué se prohíbe?

Review of Impersonal and Passive **se**

Actividad A   Las reglas° universitarias

rules

Paso 1   Most universities have a number of rules and restrictions that affect students in some fashion. What are some of the things that your university prohibits? Mark those that apply.

En mi universidad...

1.   ☐ se prohíbe el alcohol en las funciones universitarias.

2.   ☐ no se puede andar en bicicleta por el campus.

3.   ☐ se prohíbe los patines en zonas públicas.

4.   ☐ no se permite fumar en edificios públicos.

5.   ☐ no se permite beber ni comer en clase.

6.   ☐ no se puede estacionar el carro en algunos estacionamientos sin documentación.

7.   ☐ se prohíbe llevar una gorra (*baseball cap*) durante un examen.

8.   ☐ se prohíbe sacar libros de la biblioteca sin identificación.

9.   ☐ se prohíbe llegar tarde a un examen final.

10.   ☐ se prohíbe la cohabitación de hombres y mujeres en la misma residencia estudiantil.

Have you ever violated any of your school's laws? Which ones?

Paso 2   Are there some laws or restrictions that you wish were in effect at your university? Here's your chance to express your ideas! Complete the statements below.

1.   Creo que se debe eliminar _____.

2.   Se debe permitir _____.

3.   En las cafeterías se debe prohibir _____.

4.   Se debe eliminar la clase de _____.

If you have time in class, share your sentences with your instructor and classmates.

*Actividad B   Un mercado internacional

Select the country from the list below that corresponds to each statement.

la Argentina	Cuba	Holanda
Chile	España	Nueva Zelandia
Colombia	Francia	Rusia

1.   Se cultiva mucho café en _____.

2.   Se toma mucha vodka en _____.

3.   Se exportan muchas aceitunas (*olives*) de _____.

4. Se cultiva mucho azúcar en _____.

5. Se cría (*raise*) mucho ganado (*cattle*) en _____.

6. Se extrae mucho cobre (*copper*) en las minas (*mines*) de _____.

7. Se plantan muchos tulipanes (*tulips*) en _____.

8. Se produce mucho champán en _____.

9. Se crían muchas ovejas (*sheep*) en _____.

Comunicación

Para entregar   Para sacar una buena nota...

What are some strategies or techniques that students have to get good grades? Do they study while listening to music? Do they form study groups? Do they make flashcards of vocabulary words in Spanish?

Paso 1   Interview five friends about their studying techniques. If they are from your Spanish class you should conduct the interview in Spanish.

 Paso 2   Now put together a pamphlet that could be distributed to new students to help get them on the right study track. In the pamphlet you should include the strategies and recommendations that you collected in the interviews. For example:

Para sacar una buena nota en una clase de español...

- se debe ir al laboratorio de lenguas tres veces a la semana.
- se debe consultar con un tutor fuera de clase.

Para sacar una buena nota en una clase de cálculo...

- se debe comprar una calculadora.

Etcétera.

Make your pamphlet professional, attractive, and informative. And ask your instructor to share some of the strategies in class—maybe you'll learn a new one!

Prueba de práctica

En esta lección...

- aprendiste y revisaste algo de vocabulario relacionado con las bebidas y los refrescos
- repasaste las formas del pretérito y sus usos
- repasaste el uso del **se** impersonal y el **se** pasivo para hablar de prohibiciones, obligaciones y cosas relacionadas
- aprendiste algo sobre el vino chileno

A. *Paso 1   Empareja la marca (*brand name*) con la bebida.

A		B	
1.	el café descafeinado	a.	Johnny Walker
2.	el licor fuerte	b.	V-8
3.	el jugo de tomate	c.	Sanka
4.	el refresco	d.	7-Up

 *Paso 2   Escucha la conversación en el programa auditivo y luego contesta las preguntas.

1. ¿Dónde tiene lugar esta escena?

   a. en casa de un amigo   b. en un restaurante

2. ¿Qué pide el primer señor que no tienen en el restaurante?

   _____

3. ¿Qué no quiere poner el segundo señor en su agua?

   _____

4. ¿Qué pide el segundo señor al final?

   _____

Paso 3   Ahora, ¿puedes describir oralmente lo que pasa en esta escena?

B.   Escoge una de las siguientes situaciones y contesta las preguntas. Combina tus respuestas para formar una breve narración coherente en la que usas el pretérito correctamente.

SITUACIÓN 1

¿Cuándo fue la última vez que tomaste mucho alcohol? ¿Qué tomaste y cuánto? Si volviste a casa, ¿cómo? ¿A qué hora te levantaste al día siguiente? ¿Fuiste a trabajar, a clase o te quedaste en cama?

SITUACIÓN 2

¿Cuándo fue la última vez que pasaste más de tres horas seguidas estudiando? ¿Qué estudiaste? ¿Lo hiciste solo/a o con otra persona? ¿Dónde? ¿Cuánto tiempo pasaste estudiando? ¿Qué tuviste que repasar? ¿Tomaste café o algo para no dormirte?

¿Cuándo fue la última vez que leíste una novela por puro placer? ¿Qué leíste? ¿La leíste en partes o la leíste toda de una vez? ¿Cuánto tiempo pasaste leyendo? ¿Cómo conseguiste la novela —la compraste, la sacaste de la biblioteca o te la regalaron*?

¿Cuándo fue la última vez que fuiste a algún tipo de ceremonia? ¿Asististe solamente o participaste en la ceremonia? ¿Cuánto tiempo duró? ¿Qué hiciste después de la ceremonia?

C. Contesta las siguientes preguntas utilizando el **se** pasivo o el **se** impersonal. Puedes escribir las respuestas pero también debes poder dar una respuesta oralmente.

1. Según los gastrónomos (*gourmets*), ¿qué tipo de vino se debe tomar con el pescado y qué tipo con la carne?

   _____

2. Escoge una de las siguientes bebidas y explica cómo se prepara.
   a. Shirley Temple
   b. Cuba Libre
   c. Bloody Mary (*celery* = **apio**)
   d. capuchino
   e. limonada
   f. Mimosa
   g. té hecho al sol (*sun tea*)

   _____

   _____

3. Di dos cosas o que se prohíben o se permiten en la universidad que en la escuela secundaria no se prohíben o se permiten.

D. Contesta la siguiente pregunta sobre esta lección. ¿Por que es más importante que se vende vino chileno en Italia que en los Estados Unidos?

   _____

   _____

---

* **Te la regalaron** = *Did someone give it to you?* You may remember from an **Así se dice** box that double object pronouns are possible in Spanish with the indirect always preceding the direct.

EL BIENESTAR

¿CÓMO TE SIENTES?

En esta lección del Manual *vas a*
- hablar de cómo te sientes y el bienestar
- practicar los verbos **faltar** y **quedar**
- repasar el uso del imperfecto para hablar de sucesos habituales en el pasado

159

Vistazos

Vocabulario esencial: ¿Cómo se siente? Talking About How Someone Feels

Actividad A Más sobre Claudia

Paso 1 ¿Te acuerdas de Claudia, la chica del **Vocabulario esencial** que recibió la nota equivocada? Vas a escuchar algunas preguntas sobre ella. Para cada pregunta, se dan dos respuestas: una es cierta, la otra es falsa. Escucha bien y decide cuál es la respuesta correcta para cada pregunta.

> MODELO (*oyes*) ¿Cómo está Claudia durante el examen de física, tensa o aburrida? →
> (*dices*) Está tensa.
> (*oyes*) Tensa. Claudia está tensa durante el examen.

1... 2... 3... 4... 5...

Paso 2 Sabemos cómo se siente Claudia en diferentes situaciones. ¿Cómo te sientes tú en las mismas circunstancias? ¿Reaccionas igual que Claudia o de forma distinta? ¡A ver! Responde a las siguientes preguntas con oraciones completas en español e indica si tu reacción es igual o diferente a la de Claudia.

1. ¿Cómo te sientes cuando te preparas para un examen difícil?

   Me siento _____.

   Mi reacción es ☐ igual ☐ diferente a la de Claudia.

2. ¿Cómo te sientes cuando haces ejercicio?

   Me siento _____.

   Mi reacción es ☐ igual ☐ diferente a la de Claudia.

3. ¿Cómo te pones cuando recibes una mala nota?

   Me siento _____.

   Mi reacción es ☐ igual ☐ diferente a la de Claudia.

4. ¿Cómo te sientes durante un examen?

   Me siento _____.

   Mi reacción es ☐ igual ☐ diferente a la de Claudia.

5. ¿Cómo te pones cuando tu compañero/a de cuarto hace mucho ruido?

   Me siento _____.

   Mi reacción es ☐ igual ☐ diferente a la de Claudia.

*Actividad B Estados y situaciones

Empareja cada sentimiento de la columna A con una causa de la columna B.

	A		B
1.	____ Uno se siente tenso si...	a.	se baña con agua caliente.
2.	____ Uno se siente avergonzado si...	b.	espera noticias importantes.
3.	____ Uno está nervioso si...	c.	trabaja mucho y no descansa (rests).
4.	____ Uno se siente relajado si...	d.	se le muere un buen amigo.
5.	____ Uno está cansado si...	e.	no tiene suficiente dinero para pagar las cuentas.
6.	____ Uno se siente deprimido si...	f.	lo nombran «mejor estudiante del año».
7.	____ Uno se siente orgulloso si...	g.	dice una tontería enfrente de muchas personas.

Actividad C ¿Qué debería° hacer esta persona?

ought

Paso 1 ¿Cuál es la conclusión lógica de cada oración?

1. Mi amigo debería tomarse unas vacaciones.

   a. Está muy contento.

   b. Está muy tenso.

   c. Está muy bien.

2. Mi compañera de cuarto debería descansar un poco.

   a. Está muy estresada.

   b. Está muy aburrida.

   c. Tiene hambre.

3. Mi perro necesita beber un poco de agua.

   a. Tiene celos.

   b. Tiene sed.

   c. Está triste.

4. Mi hermano debería consumir menos cafeína.

   a. Está muy cansado.

   b. Está muy perezoso.

   c. Está muy tenso.

5. Mi abuela debería ir al médico.

   a. Está enferma.

   b. Tiene envidia (envy).

   c. Está satisfecha.

Paso 2 Escucha el programa auditivo para verificar las respuestas.

Paso 3 Indica los estados de ánimo que se te aplican a ti. ¿A qué conclusión llegas?

		CON FRECUENCIA	A VECES	NUNCA
1.	Estoy triste.	☐	☐	☐
2.	Estoy deprimido/a.	☐	☐	☐
3.	Estoy satisfecho/a.	☐	☐	☐
4.	Estoy nervioso/a.	☐	☐	☐
5.	Estoy aburrido/a.	☐	☐	☐

	CON FRECUENCIA	A VECES	NUNCA
6. Tengo hambre.	☐	☐	☐
7. Estoy enfermo/a.	☐	☐	☐
8. Estoy tenso/a.	☐	☐	☐
9. Estoy contento/a.	☐	☐	☐
10. Tengo envidia.	☐	☐	☐

Actividad D   Asociaciones

Escribe algo que asocias con cada estado de ánimo como, por ejemplo, un día de la semana o una actividad específica. Luego, escribe un color que asocias con esa condición.

ESTADO DE ÁNIMO	ACTIVIDAD ASOCIADA (DÍA ASOCIADO, ETCÉTERA)	COLOR ASOCIADO
contento/a		
triste		
cansado/a		
tenso/a		

Gramática esencial: ¿Te sientes bien?

More on "Reflexive" Verbs

Actividad E   De tal palo, tal astilla...

Paso 1   Note whether each statement is typical or unusual for you.

	ES TÍPICO	ES RARO
1. Me aburro fácilmente.	☐	☐
2. Me enojo por tonterías (*insignificant things*).	☐	☐
3. Me irrito cuando no duermo lo suficiente.	☐	☐
4. Me preocupo por mi situación económica.	☐	☐
5. Me alegro cuando mis amigos me invitan a una fiesta.	☐	☐
6. Me ofendo cuando la gente fuma.	☐	☐
7. Me canso fácilmente.	☐	☐

Paso 2 Now choose one of the members in your immediate family (mother, father, brother, sister). Which of the following are typical for that person?

	ES TÍPICO	ES RARO
1. Se aburre fácilmente.	☐	☐
2. Se enoja por tonterías.	☐	☐
3. Se irrita cuando no duerme lo suficiente.	☐	☐
4. Se preocupa por su situación económica.	☐	☐
5. Se alegra cuando sus amigos lo/la invitan a una fiesta.	☐	☐
6. Se ofende cuando la gente fuma.	☐	☐
7. Se cansa fácilmente.	☐	☐

Paso 3 Based on your responses in **Pasos 1** and **2,** are you and this family member similar or different? Had you thought about these things before?

Actividad F   Para escuchar

Paso 1 Listen to the conversation between Antonio and María, two classmates who have just gotten to know each other.

*Paso 2 Based on what you heard, complete the following sentence.

María no _____ fácilmente, pero sí _____ con frecuencia.

*Paso 3 Now indicate whether the following are true, false, or not known based on the conversation. Listen again if you need to.

	SÍ	NO	NO SE SABE
1. Las amigas de María se enojan más que ella.	☐	☐	☐
2. María se irrita cuando no duerme lo suficiente.	☐	☐	☐
3. María se irrita cuando otras personas fuman en su presencia.	☐	☐	☐
4. María se irrita cuando no encuentra un libro en la biblioteca.	☐	☐	☐

Comunicación

Para entregar   Muchas personas...

Paso 1 Using the model shown, write five sentences to express the conditions under which people get bored, offended, worried, happy, or irritated. Use a separate sheet of paper.

MODELO   Muchas personas ____ cuando ____.

Paso 2 Now go back and add a line about yourself for each state of mind using either

Y yo también ____.

or   Pero yo no ____.

Vistazos

Vocabulario esencial: ¿Cómo se revelan las emociones?

Talking About How People
Show Their Feelings

*Actividad A   Asociaciones

Paso 1   Escoge la mejor explicación para cada situación.

1. Una persona llora.

   a. Está triste.

   b. Está bien.

   c. Está contenta.

2. Dos personas se ríen.

   a. Acaban de escuchar (*They have just heard*) una historia muy triste.

   b. Acaban de escuchar una historia muy cómica.

   c. Acaban de escuchar una historia muy detallada.

3. Un niño se sonroja.

   a. Comió mucho durante la cena.

   b. Ve mucho la televisión.

   c. Una niña lo besó (*kissed*) en público.

4. Una mujer está asustada.

   a. Oye ruidos extraños (*strange sounds*) en la casa.

   b. Ganó mucho dinero en la lotería.

   c. Quiere darle una fiesta a su amigo.

5. Alguien tiene dolor de cabeza.

   a. Necesita la atención de un psicólogo.

   b. Está muy tensa.

   c. Lo pasa muy bien.

Paso 2   Escoge la palabra o frase que se puede asociar con cada acción o estado.

1. silbar

   a. llamar a un perro   b. hablar con un amigo   c. escribir una composición

2. encerrarse

   a. la puerta (*door*)   b. la ventana (*window*)   c. el auto

3. permanecer callado/a

    a. los chistes b. las cuentas c. en un teatro o cine

4. quejarse

    a. la satisfacción b. productos defectuosos c. las uñas

5. comerse las uñas

    a. tener hambre b. estar nervioso/a c. leer algo aburrido

*Actividad B En el corredor

Vas a escuchar tres conversaciones diferentes. Escoge la mejor manera de concluir cada conversación.

1. Ana:

    a. ¡Qué bien! ¡Felicidades!

    b. Pues, ¿vas a la fiesta de Miguel el viernes?

    c. Lo siento. ¿Vas a hablar con el profesor?

2. Carmen:

    a. Pues, mira, no tienes por qué enojarte conmigo.

    b. Pareces muy relajado hoy.

    c. ¿Por qué no vamos a la cafetería a tomar un café?

3. María:

    a. Sí, por eso se queja todo el día.

    b. Sí, por eso silba.

    c. Sí, por eso llora.

*Actividad C ¿Qué le pasa al piloto?

José y Consuelo son reporteros de un periódico. Comentan una historia que investiga José. Escucha la conversación y luego contesta en español las preguntas a continuación.

1. Explica brevemente la historia que el reportero investiga.

    _____

    _____

2. Escribe tres adjetivos que describan el estado de ánimo del piloto.

    a. _____   b. _____   c. _____

3. ¿Dónde está el piloto y qué está haciendo ahora mismo? _____

    _____

4. No sabemos qué cosa le pasa al piloto. ¿Cuál de las siguientes puede ser la causa lógica de la conducta y del estado de ánimo del piloto?

	SÍ	NO
a. Está celebrando su cumpleaños (*birthday*).	☐	☐
b. Perdió todo su dinero en malas inversiones (*investments*).	☐	☐
c. Su esposa le pidió el divorcio.	☐	☐
d. La línea aérea le dio un aumento de sueldo (*a raise*).	☐	☐

*Actividad D ¿Es lógica esta reacción?

A continuación se presentan cinco situaciones. En cada una, la persona tiene una reacción que puede ser lógica o ilógica. Indica si la reacción de la persona es lógica o ilógica en cada caso.

1. SITUACIÓN: Una niña de 5 años no puede encontrar a su madre en el supermercado.
   REACCIÓN: La niña llora.

   ☐ lógica ☐ ilógica

2. SITUACIÓN: Un hombre lee una novela cómica.
   REACCIÓN: Se come las uñas.

   ☐ lógica ☐ ilógica

3. SITUACIÓN: El profesor les deja mucho trabajo a los estudiantes.
   REACCIÓN: Los estudiantes se quejan.

   ☐ lógica ☐ ilógica

4. SITUACIÓN: A un hombre se le caen los pantalones en una fiesta cuando baila la salsa.
   REACCIÓN: El hombre se sonroja.

   ☐ lógica ☐ ilógica

5. SITUACIÓN: Una mujer gana 5 millones de dólares en la lotería.
   REACCIÓN: Permanece callada.

   ☐ lógica ☐ ilógica

Gramática esencial: ¿Te falta energía?

The Verbs **faltar** and **quedar**

Actividad E Me falta...

Paso 1 Decide whether each sentence is true for you or not.

	SÍ	NO
1. Normalmente me falta energía por la tarde.	☐	☐
2. Después de lavar la ropa, siempre me falta algo.	☐	☐
3. Cuando estudio para un examen, a veces me faltan apuntes (*notes*) importantes.	☐	☐
4. Me faltan muchos cursos para completar mi campo de especialización.	☐	☐
5. Al final del mes, siempre me falta dinero.	☐	☐
6. Falto mucho a la clase de español.	☐	☐
7. Falto mucho a otras clases.	☐	☐

*Paso 2   How would you ask someone in class the information in items 1–7 of **Paso 1?** Write out a question for each statement and then check them in the *Answer Key*. If there is time in your next class session, ask someone next to you some of the questions. How do his or her answers compare with what you said in **Paso 1?**

Actividad F   Matemáticas

*Paso 1   Read each situation below and then answer the question that follows.

1. Al principio del semestre, en la librería había cincuenta ejemplares (*copies*) de la novela *Cien años de soledad*, por Gabriel García Márquez. Cuarenta y cinco estudiantes compraron ejemplares para su clase de literatura. Una semana después, seis estudiantes dejaron la clase (*dropped the class*) y devolvieron sus libros a la librería. A la vez, dos estudiantes se matricularon (*enrolled*) en el curso que pedía esa novela y fueron a comprarla a la librería.

   ¿Cuántos ejemplares quedan en la librería? _____

2. Enrique, Roberto y Juliana son compañeros de cuarto. El sábado pasado fueron de compras y, entre otras cosas, compraron dos docenas de huevos. El domingo por la mañana Enrique preparó huevos fritos para todos y usó seis huevos. El mismo día Juliana hizo una torta de chocolate y usó tres huevos más. Pero al preparar la torta se le cayó (*fell*) uno, así que usó cuatro huevos en total.

   ¿Cuántos huevos quedan en el refrigerador? _____

3. El Día de San Valentín, Raúl le mandó una docena de rosas a su novia Elena. Desafortunadamente, cuando llegaron a la casa de Elena, dos de las flores ya estaban marchitas (*withered*). Elena puso las demás en un florero, pero su gato le dio vuelta al (*tipped over the*) florero y estropeó (*ruined*) otra.

   ¿Cuántas rosas quedan en el florero? _____

4. María Jesús recibió de su madre cuarenta dólares para su cumpleaños. Para celebrar, invitó a sus amigos a tomar una copa y gastó diecisiete dólares. Al día siguiente, gastó dos dólares en la lotería pero ganó diez. Se compró una revista que le costó tres dólares y volvió a casa.

   ¿Cuánto dinero le queda a María Jesús? _____

5. El primer día de clases había cien estudiantes en la clase de química. Después de recibir el programa de clase, quince se asustaron y dejaron la clase. Otros diez se dieron cuenta de que estaban en la clase equivocada (*wrong*) y también se fueron. Pero luego aparecieron otros tres estudiantes que llegaban tarde.

   ¿Cuántos estudiantes quedan en la clase? _____

Paso 2   You may have thought the problems in **Paso 1** were easy. But math problems are harder to do when the information is given to you orally! Read the follow-up questions and **Vocabulario útil** before listening to the two oral problems in **Paso 3.**

1. ¿Cuántos discos de música clásica le quedan a Carlos?
2. ¿Cuántas botellas de vino le quedan a Gloria?

VOCABULARIO ÚTIL
se rompieron   (*they*) broke
se cayeron   (*they*) fell

*Paso 3   Listen to the speaker describe each situation and then answer the question that follows with a complete sentence.

1. _____

2. _____

Comunicación

 Para entregar   El profesor (La profesora) y yo

Paso 1   On a separate sheet of paper, write out six statements about yourself, using **faltar, quedar,** and **encantar** (twice each) to tell your instructor some things about yourself.

Paso 2   Using the same verbs, make up three questions for your instructor in order to find out some things about him or her. Remember to use **te** or **le** as appropriate.

Vistazos

Para sentirte bien

Vocabulario esencial: ¿Qué haces para sentirte bien?

Talking About
Leisure Activities

 Actividad A   ¿Qué actividad es?

Escoge la letra de la actividad que se describe en el programa auditivo.

1.   a.   levantar pesas   b.   caminar   c.   tocar la guitarra

2.   a.   nadar   b.   correr   c.   pintar

3.   a.   cantar   b.   jugar al béisbol   c.   hacer ejercicio aeróbico

4.   a.   salir con amigos   b.   jugar al basquetbol   c.   levantar pesas

Actividad B   ¿Cuál no debe estar?

Paso 1   Indica la acción que no debe estar en cada grupo.

1.   a.   correr   b.   levantar pesas   c.   nadar   d.   ir al cine

2.   a.   hacer ejercicio   b.   jugar al tenis   c.   jugar al boliche   d.   jugar al basquetbol

3.   a.   pintar   b.   tocar la guitarra   c.   cantar   d.   ir de compras

4.   a.   levantar pesas   b.   pintar   c.   jugar al boliche   d.   jugar al fútbol

Paso 2   Ahora, ¿con qué grupo del **Paso 1** va cada descripción?

a.   _____ Es necesario usar las manos.

b.   _____ No es necesario salir de casa.

c.   _____ Es necesario gastar mucha energía.

d.   _____ Es necesario usar pelota (*ball*).

Paso 3   Usando la información del **Paso 2**, trata de justificar las respuestas que diste en el **Paso 1**.

MODELO   _____ no debe estar en el grupo número _____ porque

_____.

Actividad C Recomendaciones

¿Qué les recomiendas a las siguientes personas? Imagínate que eres médico/a. Todos tus pacientes tienen problemas diferentes. Indica qué actividades le recomiendas al individuo.

Caso #1

Una mujer de 75 años que tuvo un ataque cardíaco hace seis meses quiere hacer ejercicio para evitar otro ataque.

Recomendación: Debe _____.

Caso #2

Una chica de 15 años, bien delgada y débil, desea ponerse en forma para jugar al tenis.

Recomendación: _____.

Caso #3

Un hombre recién divorciado quiere bajar de peso (*to lose weight*) y no desea estar solo, es decir, quiere hacer nuevos amigos.

Recomendación: _____.

Caso #4

Un hombre de negocios de 30 años está muy tenso. Se siente estresado. Quiere hacer algo saludable para relajarse.

Recomendación: _____.

Caso #5

Tu profesor(a) no está de buen humor.

Recomendación: _____.

Gramática esencial: ¿Qué hacías de niño/a para sentirte bien?

Using the Imperfect for Habitual Events: A Review

*Actividad D ¿Quién lo hacía?

Match each activity with the person who used to do it.

¿Quién de la lista...

1. _____ pintaba?

2. _____ corría y saltaba en los Juegos Olímpicos?

3. _____ jugaba al tenis?

4. _____ jugaba al basquetbol?

5. _____ escribía?

6. _____ bailaba y actuaba en películas?

a. Frida Kahlo
b. Martina Navratilova
c. Ginger Rogers
d. Magic Johnson
e. Jorge Luis Borges
f. Carl Lewis

Actividad E La niñez y la adolescencia

Paso 1 Indicate how you felt as a child and as an adolescent.

	DE NIÑO/A		DE ADOLESCENTE	
	SÍ	NO	SÍ	NO
1. Me sentía tenso/a frecuentemente.	☐	☐	☐	☐
2. Por lo general, estaba contento/a.	☐	☐	☐	☐
3. Me faltaba energía a veces.	☐	☐	☐	☐
4. Me aburría fácilmente.	☐	☐	☐	☐
5. Me enojaba fácilmente.	☐	☐	☐	☐
6. Estaba triste a veces.	☐	☐	☐	☐
7. Me sentía _____ muchas veces.	☐	☐	☐	☐

Paso 2 Now indicate how you showed your feelings as a child and as an adolescent.

	DE NIÑO/A		DE ADOLESCENTE	
	SÍ	NO	SÍ	NO
1. Lloraba mucho.	☐	☐	☐	☐
2. Me comía las uñas.	☐	☐	☐	☐
3. Me reía mucho.	☐	☐	☐	☐
4. Frecuentemente me encerraba en el cuarto.	☐	☐	☐	☐
5. Frecuentemente permanecía callado/a.	☐	☐	☐	☐
6. Silbaba y cantaba con frecuencia.	☐	☐	☐	☐
7. _____ (mucho).	☐	☐	☐	☐

Paso 3 Are there differences between how you felt as a child and as an adolescent? And how you feel now? On a separate sheet of paper, write a brief comparison.

Actividad F Con otra persona...

*Paso 1 Listen to the conversation between a patient and a psychologist. Jot down the following information.

1. De niño el paciente estaba _____.

2. Cuando estaba con su mamá, se sentía como que no _____.

3. El paciente ayudaba a su mamá cuando ella _____ los quehaceres (*chores*).

4. Y la acompañaba cuando ella _____.

5. Le encantaba al paciente cuando él y su mamá _____.

6. Por la tarde, su mamá le _____.

En general, ¿cómo era la niñez del paciente? _____

Paso 2 Choose a relative (**madre, padre, hermano, tía,** etc.), friend, professor, or animal (**perro, gato**) and say how you felt when you were with him or her when you were a child.

Cuando estaba con _____, me sentía _____. ¿Qué más podrías decir del tiempo que pasaban juntos?

☐ Jugábamos y lo pasábamos muy bien.

☐ Donde él/ella iba, yo iba también.

☐ Nos reíamos mucho.

☐ Cuando estábamos juntos, el resto del mundo no existía.

☐ Éramos inseparables.

☐ Nos peleábamos (*We fought with each other*) mucho.

☐ Frecuentemente ____ me hacía llorar.

☐ ____ me daba miedo.

☐ Cuando estábamos juntos, yo contaba los minutos.

☐ Cuando estaba con él/ella, tenía ganas de escaparme, de huir (*flee*) corriendo.

Guarda estas respuestas para usarlas en la siguiente actividad.

Comunicación

Para entregar ¿Qué relación tenían?

Using the information you gave in **Paso 2** of **Actividad F** as well as other facts, write a composition of approximately 50 words. Describe your relation to the person you chose in **Paso 2,** indicating how you felt when you were around this person, what you did together, and so forth. Use the imperfect because you will be describing habitual activities and feelings from the past. If you like, you may listen again to the conversation between the patient and the psychologist. Here is a way to begin the description.

Voy a describir un poco cómo era mi relación con [nombre de la persona y la relación: pariente, amigo, animal doméstico, etcétera]. Cuando estaba con él/ella, me sentía...

Prueba de práctica

En esta lección

- aprendiste vocabulario relacionado con los estados de ánimo, sus indicaciones y ciertas actividades asociadas con el bienestar
- aprendiste ciertos verbos que requieren **se**
- aprendiste los verbos **faltar** y **quedar**
- repasaste el uso del imperfecto para hablar de sucesos habituales en el pasado
- leíste y escuchaste selecciones sobre el síndrome invernal y otras cosas

 *A. Escucha cada conversación y luego contesta las preguntas.

Conversación 1

1. ¿Quiénes están hablando? ¿Dos amigos o un psicólogo y su paciente?

   _____

2. ¿Cómo se siente Enrique? ¿Qué le pasa?

   _____

3. Según lo que le responde a Guillermo, ¿cuáles son los síntomas de su estado de ánimo?

   _____

Conversación 2

1. Al comienzo de la conversación Graciela _____ y su papá deduce que

   _____.

2. Su papá cree que el estado de ánimo de Graciela está relacionado con un _____

   porque la _____ como la palma de su mano.

3. Después de que Graciela le explica a su papá por qué se siente tan bien, él se pone

   _____.

Conversación 3

1. Según Juan, Carlos entró a la casa y _____.

   a. empezó a gritar   b.   se encerró sin decir nada

2. Por lo que pueden oír Juan y Rafael, Carlos _____.

   a. está enojado   b.   está llorando

3. Juan dice que lo que pasa _____.

   a. es típico   b.   no es típico

4. Al final, Rafael y Juan deciden _____.

   a. tocar a la puerta inmediatamente   b.   esperar a ver si Carlos sale

B. Paso 1 Explica lo que haces cuando te ofendes, te cansas y te preocupas. Escribe por lo menos dos oraciones para cada verbo.

ofenderte   cansarte   preocuparte

MODELO   aburrirte →
Cuando me aburro, no sé qué hacer. A veces paseo por la habitación, otras veces llamo a alguien por teléfono. Si estoy muy aburrido, veo la televisión.

1. _____

2. _____

3. _____

Paso 2 Sin mirar lo que escribiste en el **Paso 1,** describe oralmente lo que haces cuando te ofendes, te cansas o te preocupas.

C. *Paso 1 Empareja cada oración de la columna A con la situación más lógica de la columna B.

A

1. _____ Dices: «¡Ah, me quedan cien dólares!»

2. _____ Alguien te pregunta: «¿Te falta algo?»

3. _____ Oyes: «¿Quién falta hoy?»

B

a. Pasas treinta segundos mirando y revisando tu mochila.

b. La profesora está revisando la lista de estudiantes.

c. Acabas de pagar las cuentas.

Paso 2 Describe brevemente una situación lógicamente relacionada con cada una de las oraciones a continuación.

1. A una persona le falta energía.

_____

2. A una persona le faltan quince créditos para terminar la carrera.

_____

D. *Paso 1 Escoge la palabra o expresión que mejor complete cada oración.

1. ...cuando sufría del estrés, hice ejercicio.

a. Anoche a las 8.00   b. De niño

2. ...jugábamos al tenis y corríamos.

a. Todos los sábados   b. El lunes pasado

Paso 2 Escoge una de las situaciones a continuación y descríbela con tres o cuatro oraciones que cuentan actividades y sucesos habituales.

a. tu estado de ánimo en tu niñez
b. tus actividades físicas en tu adolescencia
c. cosas que hacías de niño/a que ahora no haces
d. cosas que hacías de adolescente que ahora no haces

_____

_____

_____

*E. Termina cada oración con información de la lección.

1. El síndrome invernal se refiere a _____

_____.

2. Un síntoma de este síndrome es que _____

_____.

3. Otro síntoma es que _____

_____.

4. La causa de este síndrome parece ser _____

_____.

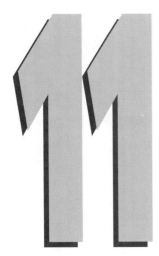

¿CÓMO TE RELAJAS?

En esta lección del Manual *vas a*
- hablar de actividades y lugares asociados con relajarse y el tiempo libre
- repasar las formas del pretérito
- practicar el uso del pretérito y el imperfecto para narrar una historia en el pasado

177

Vistazos

Vocabulario esencial: ¿Qué haces para relajarte?

More Activities for Talking About Relaxation

*Actividad A Sobre las actividades

Paso 1 Escoge la respuesta que mejor complete cada oración.

1. La actividad que más se asocia con las niñas es _____.

   a. esquiar b. bañarse en un jacuzzi c. saltar a la cuerda

2. Un deporte que requiere la participación de otros jugadores es _____.

   a. el patinaje (*skating*) b. el fútbol c. el correr

3. Para _____ es ventajoso (*advantageous*) ser alto.

   a. esquiar en las montañas b. jugar al basquetbol c. jugar al golf

4. La Copa Mundial es el premio gordo del _____.

   a. fútbol b. voleibol c. béisbol

5. Un deporte que no se puede jugar bajo techo (*indoors*) es _____.

   a. el tenis b. el fútbol americano c. el golf

6. La actividad que más se asocia con la alta velocidad (*high speed*) es _____.

   a. el golf b. esquiar en el agua c. levantar pesas

7. La actividad que tienen en común los arquitectos y los diseñadores de moda (*fashion designers*)

   es _____.

   a. patinar b. meditar c. dibujar

Paso 2 Lee cada descripción. ¿Puedes adivinar (*guess*) a qué actividad se refiere?

1. Es un deporte favorito entre los jóvenes para divertirse en la playa. Hay dos equipos (*teams*) y el número de jugadores puede variar. Se usa una pelota (*ball*) y una red (*net*).

   ¿Qué deporte es? _____

2. Esta actividad puede practicarse a solas. No se puede hacer dentro de (*inside*) la casa sino afuera (*outside*) al aire libre. No es una actividad que requiere mucha energía pero sí mucha paciencia. El resultado puede ser impresionante.

   ¿Qué actividad es? _____

3. Esta actividad puede practicarse a solas, pero también se puede hacer en grupo. No requiere actividad física, pero sí concentración mental. Muchos asocian esta actividad con las religiones orientales.

   ¿Qué actividad es? _____

4. Esta actividad no se considera un deporte, pero muchos deportistas o atletas la practican para mantenerse en forma. Requiere mucha energía si se hace por más de cinco minutos.

¿Qué actividad es? _____

5. Esta actividad es una buena manera de relajarse sin tener que hacer nada. Uno simplemente se sienta (*sits down*) y el movimiento del agua tibia (*warm*) relaja el cuerpo. Muchos dicen que es equivalente a un buen masaje.

¿Qué actividad es? _____

Actividad B   Una conversación

Paso 1   Escucha la conversación entre Elena y Roberto.

*Paso 2   ¿Cuál es la situación entre Elena y Roberto?

a. Elena se siente tensa y Roberto le recomienda que haga (*that she do*) alguna actividad para relajarse.

b. Roberto se siente tenso y Elena le recomienda que haga alguna actividad para relajarse.

*Paso 3   Según lo que has oído (*you have heard*), ¿qué tipo de actividad es recomendable para Elena?

a. Una actividad de grupo. Un deporte tal vez.

b. Un deporte solitario pero muy activo.

c. Una actividad solitaria, pero no un deporte.

*Paso 4   De las actividades estudiadas en esta lección, ¿cuáles son recomendables para Elena? Si quieres, puedes buscar otras en el diccionario para recomendar.

Actividad C   ¿Qué te gusta hacer?

¿Qué tipo de actividad prefieres hacer tú? Indícalo contestando las preguntas a continuación. Primero, en una hoja aparte, termina las oraciones 1 a 5 con la frase apropiada, según tus preferencias. Luego, llena el espacio en blanco con una actividad apropiada. Puedes buscar en el diccionario otras actividades además de (*besides*) las que has estudiado hasta el momento.

1. Cuando estoy tenso/a, prefiero...   ☐ estar solo/a.   ☐ estar con otras personas.

   Por eso me gusta _____.

2. Cuando me siento deprimido/a, prefiero...   ☐ estar solo/a.   ☐ estar con otras personas.

   Por eso me gusta _____.

3. Cuando estoy contento/a, prefiero...   ☐ estar solo/a.   ☐ estar con otras personas.

   Por eso me gusta _____.

4. Cuando estoy enfadado/a, prefiero...   ☐ estar solo/a.   ☐ estar con otras personas.

   Por eso me gusta _____.

Vocabulario esencial: ¿Adónde vas para relajarte?

*Actividad D ¿Dónde se la hace?

Paso 1 Escucha las descripciones. Luego, escoge qué lugar se describe.

1. a. el desierto   b. la montaña   c. el río

2. a. el bosque   b. el desierto   c. el parque

3. a. las montañas   b. el lago   c. el café

4. a. el desierto   b. el parque   c. el mar

Paso 2 Escribe el lugar correcto de cada número del **Paso 1** en los espacios en blanco correspondientes a continuación. Luego, escoge la actividad asociada con ese lugar.

1. _____ se asocia más con _____.

    a. pescar   b. dar un paseo   c. hacer ejercicios aeróbicos

2. _____ se asocia más con _____.

    a. ver una exposición   b. hacer camping   c. bucear

3. _____ se asocian más con _____.

    a. escalar   b. navegar un barco   c. conversar

4. _____ se asocia más con _____.

    a. bucear   b. esquiar   c. hacer un picnic

Actividad E Asociaciones

Paso 1 Da el nombre de un ejemplo famoso de cada uno de estos lugares para relajarse.

MODELO   un río: → el Amazonas

1. un lago: _____   4. un parque: _____

2. un bosque: _____   5. un museo: _____

3. un desierto: _____

Paso 2 Ahora, escucha las respuestas en el programa auditivo. ¿Nombraste los mismos ejemplos famosos?

Paso 3 La persona del programa auditivo nombró lugares en distintas partes del mundo. Compara la perspectiva que tomaste tú con la del programa auditivo.

☐ Yo también tomé una perspectiva mundial en esta actividad.

☐ Bueno, mi perspectiva no era tan mundial como la de la persona en el programa auditivo.

☐ Me limité a mencionar lugares de los Estados Unidos.

Comunicación

Para entregar   Reacciones

Comenta tu reacción a cada actividad a continuación. Usa los verbos **gustar, encantar** y/o **interesar** en tu comentario y da una breve explicación de tu preferencia. Usa una hoja aparte.

MODELOS   dar un paseo en el parque
No me interesa dar un paseo en el parque. Me parece aburrido.
o   Me encanta dar un paseo en el parque. Es fascinante ver a la gente y lo que hace.

1. acampar en el desierto
2. escalar una montaña
3. bucear en el mar

4. ver una exposición en un museo de arte
5. navegar en un barco en un lago

Vistazos

En el pasado

Vocabulario esencial: ¿Qué hicieron el fin de semana pasado para relajarse?

More Leisure Activities in the Past (Preterite) Tense

*Actividad A   Los residentes

Paso 1   Escucha la narración y luego indica lo que hizo cada persona a continuación.

Los residentes de Avenida de las Palmeras, 64*

NOMBRE	LO QUE HIZO EL SÁBADO	LO QUE HIZO EL DOMINGO
Claudio	_____	_____
Óscar	_____	_____
Fernando	_____	_____

Paso 2   Basándote en lo que escuchaste y anotaste en el **Paso 1,** ¿quién dirías (*would you say*) que... ?

a. es el más activo físicamente? _____

b. es el menos activo físicamente? _____

c. prefiere relajarse sin salir de casa? _____

d. prefiere las flores? _____

e. puede tener problemas en el futuro con las rodillas (*knees*)? _____

_____

* En los países hispanos, la dirección (*address*) de una persona o un negocio consiste en la calle (o avenida) primero y luego el número.

Actividad B ¿Adónde fueron?

Escucha lo que hicieron las siguientes personas. Luego di adónde probablemente fueron para hacer sus actividades o si se quedaron en casa. ¿Siempre mencionas el mismo lugar que la persona en el programa auditivo?

MODELO   (*oyes*) Ramón y Silvia dieron un paseo. →
(*dices*) Fueron al parque.
(*oyes*) Fueron al parque.

1... 2... 3... 4... 5...

Gramática esencial: ¿Y qué hiciste tú para relajarte?

Preterite Tense: Review of Forms and Uses

Actividad C ¿Cuándo la hiciste?

Paso 1 Indicate the last time you did each of these activities.

		AYER	LA SEMANA PASADA	HACE MUCHO TIEMPO	NUNCA HAGO ESTA ACTIVIDAD
1.	Levanté pesas.	☐	☐	☐	☐
2.	Fui a un museo.	☐	☐	☐	☐
3.	Acampé.	☐	☐	☐	☐
4.	Di un paseo.	☐	☐	☐	☐
5.	Nadé en un lago.	☐	☐	☐	☐
6.	Jugué a los naipes.	☐	☐	☐	☐
7.	Me bañé en un jacuzzi.	☐	☐	☐	☐
8.	Patiné.	☐	☐	☐	☐
9.	Di una fiesta.	☐	☐	☐	☐
10.	Dormí más de ocho horas.	☐	☐	☐	☐

*__Paso 2__ Write ten questions based on the statements in **Paso 1** to ask a classmate.

MODELO   ¿Cuándo fue la última vez que escalaste una montaña?

1. _____
2. _____
3. _____
4. _____
5. _____
6. _____
7. _____
8. _____

9. _____

10. _____

Paso 3 Call a classmate and ask him or her the questions from **Paso 2**. Ask them in Spanish, of course. How do your answers compare?

*Actividad D   Una conversación por teléfono

Listen to the phone conversation between two friends. Then answer the questions.

1. ¿Quién estuvo de vacaciones? ¿Alicia o Silvia?
2. ¿Fue sola o con otra persona? ¿Cómo lo sabes?
3. Marca lo que hicieron.

   ☐ a.   Visitaron museos.

   ☐ b.   Bucearon en el mar.

   ☐ c.   Fueron al teatro.

   ☐ d.   Dieron un paseo.

   ☐ e.   Jugaron al tenis.

   ☐ f.   Durmieron muy poco.

   ☐ g.   Conocieron a alguien.

   ☐ h.   Regresaron hace tres días.

4. Pensando en lo que hicieron durante sus vacaciones, ¿adónde crees que fueron Alicia y la otra persona? ¿Cuáles son las pistas (clues) más obvias?

Actividad E   ¿Qué hicieron los abogados?

Paso 1   Imagine that a married couple works together in a law firm in southern California. In what order do you think they carried out the following activities after they left the office?

a. _____ Se acostaron.

b. _____ Leyeron unos informes.

c. _____ Se bañaron juntos en el jacuzzi.

d. _____ Tomaron una copa en su *pub* favorito.

e. _____ Prepararon una cena italiana.

f. _____ Vieron las noticias en la tele.

g. _____ Lavaron los platos.

h. _____ Pasaron por el supermercado para comprar pan.

i. _____ Se cambiaron de ropa.

j. _____ Jugaron con el perro.

Paso 2   Now listen as the wife tells you what they did last night. As soon as you see that your events are out of order, stop the audio program and think again. Then keep listening. Stop the audio program each time you come across a mistake, and rethink the order of events.

Actividad F ¿Qué hicieron?

Paso 1 Listen as each speaker states what he or she did last night, and choose the most logical completions for the sentences below.

1. Esta persona probablemente...

    ☐ conoció a varias personas.

    ☐ pasó una noche aburrida.

    ☐ se acostó muy temprano.

2. Esta persona probablemente...

    ☐ fue al cine después de estudiar.

    ☐ tuvo un examen hoy.

    ☐ lo pasó muy bien.

3. Esta persona probablemente...

    ☐ también tomó un refresco.

    ☐ leyó a la vez una novela de aventuras.

    ☐ limpió su casa.

4. Esta persona probablemente...

    ☐ le mandó una carta a un amigo.

    ☐ trabajó mucho.

    ☐ habló de asuntos familiares.

5. Esta persona probablemente...

    ☐ estuvo sola toda la noche.

    ☐ comió palomitas.

    ☐ gastó mucha energía.

6. Esta persona probablemente...

    ☐ comió una hamburguesa.

    ☐ pidió una pizza.

    ☐ pidió un plato picante.

7. Esta persona probablemente...

    ☐ tomó seis cervezas.

    ☐ se levantó cansada esta mañana.

    ☐ vio a muchas personas y habló con ellas.

8. Esta persona probablemente...

    ☐ compró flores y velas (*candles*) en el supermercado.

    ☐ se despertó sola esta mañana.

    ☐ se puso muy triste.

9. Esta persona probablemente...

    ☐ se acostó a las nueve.

    ☐ no dijo nada en toda la noche.

    ☐ bailó con varias personas.

10. Esta persona probablemente...

    ☐ tuvo una entrevista hoy.

    ☐ se duchó después.

    ☐ faltó al trabajo.

Paso 2 Now listen to the audio program for the answers. (Note: As you listen to the answers, what you hear may not be exactly what is written on the page.)

Comunicación

Para entregar ¿Cómo los pasaste?

Think about the last days off you have had. They should be days when you didn't work or study. What did you do? Did you go on vacation? Did you stay home? Did you spend time with other people or alone? How many days were there in all? On a separate sheet of paper, write a composition of approximately 50 words in which you answer these questions and describe the things you did. You should mention at least six different activities.

Vistazos

La buena risa

Gramática esencial: ¿Qué hacías que causó tanta risa?

Narrating in the Past: Using Both Preterite and Imperfect

Actividad A   Anoche...

Think about last night. Visualize where you were at about 9:00, what you were doing, who was with you, how you felt, and so on.

Paso 1   Look at the following list of activities. Which one were you doing last night at about 9:00?

Anoche a las 9.00 yo...

☐ estudiaba.
☐ miraba la televisión.
☐ hablaba por teléfono.
☐ cenaba.

☐ dormía.
☐ leía.
☐ _____.

Paso 2   Now tell where you were and whom you were with.

Estaba en _____, y _____ estaba(n) conmigo.

Paso 3   Which of the following describes how you felt? (¡**OJO!** More than one may be possible.)

☐ (No) Me sentía bien.
☐ Me sentía más o menos bien.
☐ Estaba tenso/a.
☐ Estaba enfadado/a (enojado/a, irritado/a).

☐ Estaba aburrido/a.
☐ Estaba preocupado/a por algo.
☐ _____

Paso 4   Now try to put the information together. Practice once or twice stringing together orally the activities listed in **Paso 1.** Here is a model to help you.

> Anoche a las 9.00 yo hablaba por teléfono con mi papá. Estaba en casa. Nadie estaba conmigo en ese momento. No me sentía muy bien porque estaba un poco tenso/a. Estaba preocupado/a por cosas de dinero.

Actividad B   Ayer por la mañana...

Paso 1   Listen as someone talks about yesterday morning when she woke up. Then choose the most logical completions for the sentences. Just listen once, for now.

*Paso 2   Choose the best completion for each sentence according to what you heard.

1.   Cuando se despertó la narradora, _____.

   a. eran las seis   b. eran las seis y media   c. eran las siete

2. La narradora se levantó temprano porque _____.

   a. tenía clase a las ocho   b. tenía que trabajar   c. tenía que estudiar

3. La narradora no quería molestar (*to bother*) a su compañera de cuarto, porque ésta _____.

   a. escuchaba el estéreo   b. todavía dormía   c. hacía ejercicio aeróbico

4. La narradora estaba desilusionada (*disappointed*) porque _____.

   a. hacía mal tiempo   b. la biblioteca estaba cerrada   c. su bicicleta tenía un pinchazo (*flat tire*)

5. La narradora fue a la cafetería porque _____.

   a. necesitaba cafeína   b. iba a reunirse con un amigo   c. tenía que trabajar

Paso 3   Listen again if you need to. Then check your answers in the *Answer Key*.

Paso 4   Think about the last time you woke up early. Was your experience the same as or different from the speaker's? Can you describe it using the imperfect to talk about events, actions, and states of being that were in progress at the time?

Actividad C   El crimen: Parte I

Remember the well-worn lines in detective stories, "Where were you on the night of . . . ?" and "What were you doing when . . . ?" In this activity you will gather alibis given in response to these questions. (Save this information for later use.)

Someone was killed in the study of the old García mansion last night at approximately 10:30 P.M. It was Old Man García himself. Detective Arturo "No Se Me Escapan" Pérez is questioning five suspects. Listen as Detective Pérez questions the suspects about their whereabouts at the time of the murder. Take notes as you go and listen again if you need to. The first one is done for you, but you can listen to the questioning anyway.

VOCABULARIO ÚTIL

le doy el pésame   *I give you my condolences*

	SOSPECHOSO	¿DÓNDE ESTABA?	¿QUÉ HACÍA?
1.	Isabel Sánchez	en su apartamento	ella y su amiga miraban la tele
2.			
3.			
4.			
5.			

*Actividad D   Mientras Roma ardía°

was burning

Match each historical event in column A with one in column B.

A

1. _____ Mientras el imperio romano crecía...

2. _____ Mientras los Estados Unidos se expandían hacia el oeste en el siglo XVIII...

3. _____ Aunque las mujeres participaban activamente en la sociedad en 1910...

4. _____ Aunque la gente inculta (*uneducated*) pensaba que el mundo era plano (*flat*)...

5. _____ Aunque los Estados Unidos ya gozaban de su independencia en 1810...

B

a. Colón estaba seguro de que era redondo (*round*).

b. el imperio de los egipcios florecía (*was flourishing*).

c. los indígenas luchaban para proteger su propio territorio.

d. muchos de los territorios del resto de América todavía eran colonias españolas.

e. no tenían derecho (*the right*) a votar.

Actividad E   El crimen: Parte II

Here are some pieces of information that Detective Pérez uncovered during his investigation. You may jot down some notes if you wish.

1. Aunque Isabel era la secretaria particular del señor García, ella no le tenía ningún afecto. De hecho, lo detestaba.

2. Siempre que su señora estaba de vacaciones, el señor García salía con otra mujer a escondidas (*secretly*).

3. Aunque Paco tenía muchos años de ser su chófer, no le caía bien el señor García. El señor García no lo trataba con respeto y no le pagaba bien. Eso molestaba a Paco porque era buen chófer y mecánico. Estudió para mecánico cuando era soldado (*soldier*).

Actividad F   El crimen: Parte III

Paso 1   Listen as Detective Pérez tells how Old Man García was killed. Take notes as you listen.

VOCABULARIO ÚTIL

al instante	*instantly*	que da al patio	*that leads to the patio*
disparar	*to fire (a gun)*	recoger	*to pick up*
la mesita	*end table*	la silla	*chair*
el mayordomo	*butler*	tomarle el pulso	*to take someone's pulse*

*Paso 2   Using what you just heard, answer the following questions.

1. ¿Quién fue la última persona que vio al señor García antes del asesinato? _____

2. ¿Qué instrumento usó el asesino para cometer el crimen? _____

3. ¿Quién descubrió al muerto? _____

Paso 3   Now, think about the five suspects again. What might you want to know about them based on the information about the murder?

(*Hint*: ¿Quién o qué tipo de persona pudo entrar y salir sin ser vista [*without being seen*]? ¿Quién o qué tipo de persona pudo apuntar [*aim a gun*] con tanta precisión?)

Comunicación

Para entregar   El crimen: Parte final

Paso 1   Listen as Detective Pérez continues interviewing the five suspects. Jot down the things that they say about their relationships with Old Man García. The first one is done for you.

	SOSPECHOSO	RELACIONES CON EL SR. GARCÍA
1.	Isabel Sánchez	se llevaban bien, él la trataba bien, le hablaba con respeto (le decía siempre «señorita») y le pagaba bien
2.		
3.		
4.		
5.		

Paso 2   In a short essay (one page or less), explain who you think killed Old Man García. Support your claim with evidence. Before turning it in, check your essay for appropriate use of the preterite and imperfect. (You may also want to double-check it for correct use of object pronouns.)

Prueba de práctica

En esta lección

- aprendiste a hablar de actividades y lugares relacionados con relajarse y el tiempo libre
- repasaste las formas del pretérito
- aprendiste a narrar una historia utilizando el pretérito y el imperfecto
- leíste y escuchaste información relacionada con el humor y los deportes

A. Paso 1 Di si cada actividad se podría clasificar como actividad física (que requiere mucho movimiento) o no.

		SÍ	NO			SÍ	NO
1.	meditar	☐	☐	6.	dibujar	☐	☐
2.	bañarse en un jacuzzi	☐	☐	7.	dar un paseo	☐	☐
3.	patinar	☐	☐	8.	bucear	☐	☐
4.	esquiar	☐	☐	9.	escalar	☐	☐
5.	saltar a la cuerda	☐	☐	10.	pescar	☐	☐

Paso 2 Di dónde se suele hacer cada actividad del **Paso 1.** Hazlo primero oralmente, luego por escrito.

MODELO   Se puede acampar en el desierto o el bosque, por ejemplo.

B. Escribe una breve descripción de la última vez que hiciste cada una de las siguientes actividades. Añade detalles y usa el préterito en las descripciones.

MODELO   La última vez que asistí a un concierto fue hace muchos años. Fui con mi amigo y vimos a Elton John.

1. ir de compras

_____

_____

2. andar en bicicleta

_____

_____

3. jugar a ¿ ?

_____

_____

4. dar un paseo

_____

_____

5. reírme a carcajadas

_____

_____

C. Describe brevemente tu primera semana de estudiante en la universidad o tu primera semana de trabajo. Usa el pretérito y el imperfecto en la descripción. Usa las expresiones a continuación según el tema y añade detalles importantes. La descripción no debe pasarse de 100 palabras.

PRIMERA SEMANA EN LA UNIVERSIDAD

- no conocer a mucha gente
- tener miedo / estar animado(a) / estar nervioso(a)
- comer en ¿ ? gustar
- ir a mi primera clase
- ir a la biblioteca
- ser fácil/difícil

PRIMERA SEMANA EN MI TRABAJO

- no conocer a mucha gente
- tener miedo / estar animado(a) / estar nervioso(a)
- cometer errores
- almorzar
- (no) hablar con ¿ ?
- ser fácil/difícil

_____

_____

_____

_____

_____

_____

_____

_____

_____

_____

_____

_____

_____

_____

D. Contesta las siguientes preguntas con información de la lección.

1. ¿Cómo son las instalaciones deportivas en países hispanos?

_____

_____

2. Explica la diferencia básica entre los deportes en las universidades estadounidenses y en las universidades hispanas. _____

_____

_____

_____

_____

¿EN QUÉ CONSISTE EL ABUSO?

En esta lección del Manual vas a
- hablar de ciertos riesgos de la actividad física
- continuar practicando el uso del imperfecto y el pretérito para hablar del pasado
- practicar los mandatos de **tú**

Vistazos

Hay que tener cuidado

Vocabulario esencial: ¿Qué es una lesión?

More Vocabulary Related to Activities

Actividad A ¿Qué es?

Paso 1 Indica lo que la persona está describiendo.

1. FRANCISCO: «Un día, mientras corría, sentí un dolor en la pierna (*leg*). Vi al médico y me dijo que tenía que dejar de correr por un mes.»

   Francisco está describiendo _____.

   a. un daño   b. una herida

2. MARÍA LUISA: «Recuerdo que un día iba en mi carro por las montañas de Santa Cruz. Iba a 55 millas por hora y, de repente, en una curva, vi que se me acercaba un carro sin frenos (*brakes*). Por poco tengo (*I almost had*) un accidente.»

   María Luisa está describiendo _____.

   a. un peligro   b. una lesión

3. ROBERTO: «Antes trabajaba en una fábrica (*factory*) de textiles. Usaba una máquina que cortaba telas (*cut fabrics*). Un día, por estar distraído, la máquina me cortó un dedo (*finger*). Ahora tengo sólo cuatro dedos en la mano izquierda.»

   Roberto está describiendo _____.

   a. un incidente en el que se hirió   b. un trabajo que no pone a nadie en peligro

4. CARMEN: «Leí un artículo sobre la destrucción de la capa de ozono en la atmósfera. Decía que la contaminación y la desforestación son algunas de las causas de este problema. Me parece que esto merece nuestra atención, ¿no lo crees?»

   Carmen está describiendo algo que _____.

   a. causa daño   b. puede herir a una persona

 Paso 2 Escucha a las personas del **Paso 1** hablar en el programa auditivo. Luego, escucha la respuesta correcta.

Actividad B Acciones y resultados

Paso 1 Empareja las acciones con los resultados.

ACCIONES

1. _____ levantar algo pesado (*heavy*)
2. _____ cocinar
3. _____ tener una pelea (*fight*)
4. _____ esquiar
5. _____ caerse (*to fall*)

RESULTADOS

a. cortarse el dedo
b. romperse el brazo (*to break an arm*)
c. romperse la pierna
d. romperse la nariz
e. resultar con un ojo morado (*black eye*)
f. hacerse daño en la espalda (*back*)

 Paso 2 Escucha a la persona en el programa auditivo para ver si estás de acuerdo con lo que dice sobre las acciones y los resultados en el **Paso 1.**

Actividad C ¿Peligroso o dañino?

Muchos opinan que **dañino** y **peligroso** no significan lo mismo. Es decir que para ellos, no son sinónimos. En esta actividad vas a ver si para ti significan lo mismo o no.

Paso 1 Di si cada una de las actividades a continuación puede ser dañina o si puede ser peligrosa.

MODELOS Ver la televisión →
Ver la televisión puede ser dañino.

or Trabajar de policía →
Trabajar de policía puede ser peligroso.

1. Chismear (*To gossip*) _____
2. Decir mentiras (*lies*) _____
3. Escuchar constantemente música a todo volumen _____
4. Fumar _____
5. Practicar el paracaidismo (*To skydive*) _____
6. Andar en motocicleta sin casco (*helmet*) _____
7. Salir solo/a de noche en una ciudad grande _____

_____

8. Tener una dieta alta en grasa _____
9. Tomar más de tres tazas de café diariamente _____

_____

10. Tomar el sol (*To sunbathe*) _____
11. Tomar tranquilizantes o pastillas (*pills*) para dormir _____

_____

12. Trabajar en las minas de carbón _____
13. Usar pesticidas sin llevar máscara (*mask*) _____

_____

Paso 2 Piensa en las clasificaciones que hiciste en el **Paso 1.** ¿Qué tendencias notas? ¿Cuál es la diferencia entre una actividad dañina y una peligrosa?

Paso 3 Indica cuál de las siguientes afirmaciones es la más apropiada en tu opinión.

a. Para mí, una actividad dañina puede tener consecuencias mucho más graves que una actividad peligrosa. Por ejemplo, una actividad dañina puede conducir a (*lead to*) la muerte.

b. Para mí, una actividad peligrosa puede tener consecuencias mucho más graves que una actividad dañina. Por ejemplo, una actividad peligrosa puede conducir a la muerte.

c. Para mí, una actividad dañina y una peligrosa son iguales en cuanto a la gravedad de los efectos y la posibilidad de morir.

Gramática esencial: ¿Veías la televisión de niño/a?

Imperfect Forms of the Verb **ver**

Actividad D ¿Con qué frecuencia?

Paso 1 Indicate how often the following happened when you were in elementary school.

	CON FRECUENCIA	DE VEZ EN CUANDO	RARAS VECES
1. Veía a mis abuelos.	☐	☐	☐
2. Veía a mis compañeros de escuela durante el verano.	☐	☐	☐
3. Veía a mis maestros fuera de clase (por ejemplo, en el supermercado, en la iglesia...).	☐	☐	☐
4. Veía la televisión.	☐	☐	☐
5. Veía a mis padres.	☐	☐	☐

 Paso 2 Now listen to three speakers. With which do you have most in common regarding whom or what you used to see as a child?

☐ José María   ☐ Conchita   ☐ Miguel

Comunicación

Para entregar ¿Eres teleadicto/a?

Write a brief description about your television viewing habits as a child. Use the verbs **ver, ser,** and others in the description. Include at least the following information.

a. cuándo (la hora, días)

b. qué (programas favoritos)

c. con quién(es)

d. cuánto (horas por día)

Vistazos

Saliendo de la adicción

Gramática esencial: ¿Qué debo hacer? —Escucha esto.

Telling Others What to Do: Affirmative **tú** Commands

 *Actividad A Mandatos

Listen to the commands given on the audio program. Write each down after you hear it and then select the situation in which you are likely to hear the command.

1. _____

   a. La doctora te está dando las instrucciones para tomar una medicina.

   b. Mañana a las 6.30 vas a ir de vacaciones.

   c. Estás muy animado/a y quieres salir con un amigo (una amiga) a bailar.

2. _____

   a. Otra persona te dice que tienes la cara pálida y tú no lo crees.

   b. Tienes que hacer unos quehaceres (*chores*) pero no tienes ganas.

   c. Un amigo (Una amiga) te llama para contarte chismes (*gossip*).

3. _____

   a. Alguien te da un formulario para rellenar.

   b. Alguien quiere decirte algo sin dejarles oír a los demás.

   c. Alguien te está dando consejos sobre el amor.

4. _____

   a. Haces mucho ruido y tu amigo/a está cansado/a.

   b. Un amigo (Una amiga) quiere invitarte a cenar.

   c. Otra persona te pide el número de teléfono.

5. _____

   a. Le traes a tu amigo/a un libro que él/ella quería.

   b. Un amigo (Una amiga) quiere comer y tiene mucha hambre.

   c. Un amigo (Una amiga) sabe que le estás diciendo una mentira.

6. _____

   a. El profesor (La profesora) te da una tarea que tienes que entregar la próxima semana.

   b. Un amigo (Una amiga) te invita a ir al cine esta noche.

   c. Un amigo (Una amiga) necesita urgentemente algo que sólo tú puedes hacer.

Actividad B   Perros y niños

Paso 1   Here are some expressions that will be used in the commands in **Paso 2.**

VOCABULARIO ÚTIL

sentarse (ie)	*to sit down*
echarse	*to lie down*
saltar	*to jump*
dar la mano	*to shake hands*
dar vueltas	*to roll over*
callarse	*to be quiet*

Paso 2   Which of the following are typical commands that people give to dogs? Which are commands that parents often give to children? Which are sometimes uttered to both dogs and children? The commands are given on the audio program for you to hear as well.

		SÓLO A LOS PERROS	SÓLO A LOS NIÑOS	A LOS DOS
1.	Siéntate.	☐	☐	☐
2.	Habla.	☐	☐	☐
3.	Ve a jugar afuera.	☐	☐	☐
4.	Dame un beso (*kiss*).	☐	☐	☐
5.	Échate.	☐	☐	☐
6.	Tráeme las zapatillas (*slippers*).	☐	☐	☐
7.	Lávate las manos.	☐	☐	☐
8.	Ven (para) acá (*here*).	☐	☐	☐
9.	Salta.	☐	☐	☐
10.	Dame la mano.	☐	☐	☐
11.	Da vueltas.	☐	☐	☐
12.	Come.	☐	☐	☐
13.	Cállate.	☐	☐	☐
14.	Sal afuera.	☐	☐	☐

Paso 3   Basing your answer on **Paso 2** only, with which statement do you agree?

☐ Se trata a los perros y a los niños de manera muy diferente.

☐ En cierto sentido, se trata a los perros y a los niños más o menos de la misma manera.

☐ Se trata a los perros y a los niños exactamente de la misma manera.

Actividad C   ¿Cuándo?

Describe the situations in which you would use the following four commands.

MODELO   «Apúntala aquí, por favor.» →
Esto se podría decir cuando una persona le pide a otra su dirección.

1. Dame eso, por favor.
2. ¡Cuéntamelo!

3. Despiértate. ¡Despiértate!
4. Anda.* Pruébalo.

Gramática esencial: ¿Qué no debo hacer? —¡No hagas eso!

Telling Others What *Not* to Do:
Negative **tú** Commands

Actividad D   Conversaciones incompletas

Paso 1   Listen to each incomplete conversation. Then select the most logical way for one of the speakers to continue the interchange. In each case, the options contain commands.

1. Hablan María y Teresa. María dice que tiene un problema.

   TERESA:

   a. No trabajes tanto. Sal con tus amigos de vez en cuando.

   b. Prepárate bien porque mañana hay un examen.

   c. Estudia con alguien en la biblioteca. No te quedes tanto en casa.

2. Hablan Carlos y Juan. Juan ha recibido malas noticias.

   CARLOS:

   a. Pues sigue los consejos del doctor. No te pongas triste.

   b. No te alarmes. Haz lo que quieras y no le hagas caso al doctor.

   c. Explícale al doctor que eso es imposible. Dile que quieres otra medicina.

3. Marisol e Isabel están conversando e Isabel le cuenta algo que le preocupa.

   MARISOL:

   a. Olvídalo. Probablemente no es nada.

   b. Busca entre sus cosas. Allí debe estar la prueba definitiva.

   c. Llama primero a sus profesores. Quizás ellos sepan algo más del caso.

Paso 2   Now listen to the completed conversations. How do your selections compare with the actual conversations?

Actividad E   Más sobre perros y niños

Paso 1   Here are some expressions that will be used in the commands in **Paso 2.**

VOCABULARIO ÚTIL

los muebles	*furniture*
revolcarse en el lodo	*to roll around in the mud*
pisar	*to step on, walk on*
la moqueta	*carpeting*
pelearse	*to fight*
morder (ue)	*to bite*

_____

* **Anda** is often used in Spanish with the meaning "Go ahead."

Paso 2   Think again about dogs and children. How would you classify the following negative commands? The commands are given on the audio program for you to hear as well.

	SÓLO A LOS PERROS	SÓLO A LOS NIÑOS	A LOS DOS
1. No saltes en el sofá.	☐	☐	☐
2. No te sientes en los muebles.	☐	☐	☐
3. No juegues en la calle.	☐	☐	☐
4. No me beses.	☐	☐	☐
5. No te revuelques en el lodo.	☐	☐	☐
6. No pises la moqueta con los pies sucios.	☐	☐	☐
7. No te pelees con ese gato.	☐	☐	☐
8. No me muerdas.	☐	☐	☐
9. No comas en la cama.	☐	☐	☐
10. No toques eso.	☐	☐	☐
11. No hagas tanto ruido.	☐	☐	☐

Paso 3   Considering not only the preceding items but also the earlier activity with affirmative commands, with which statement do you agree? Have you changed your mind?

☐ Se trata a los perros y a los niños de manera muy diferente.
☐ En cierto sentido, se trata a los perros y a los niños más o menos de la misma manera.
☐ Se trata a los perros y a los niños exactamente de la misma manera.

Comunicación

Para entregar   Y los gatos...

Paso 1   Cats may or may not be like dogs (and children). On a separate sheet of paper, write five affirmative commands in Spanish that you would give to a cat in order to train it. Also write five negative commands in Spanish that you would give to a cat to train it.

Paso 2   Write a statement about whether or not you think we speak to children and animals differently when we give commands. Do we speak to all animals the same way?

Prueba de práctica

En esta lección

- aprendiste vocabulario relacionado con ciertos riesgos de las actividades físicas
- seguiste practicando el uso del imperfecto y el preterito para hablar del pasado
- aprendiste a formar los mandatos de **tú**
- leíste y escuchaste varias cosas sobre la adicción al ejercicio, al trabajo y a otras cosas

*A. Paso 1 Completa cada oración con una de las siguientes palabras o expresiones.

peligro   una lesión   muy dañino

1. El corredor sufrió _____ que le impidió correr en dos meses.

2. El gas expulsado por los autos es _____ para la atmósfera.

3. La señal dice: «_____. Alto voltaje. No tocar.»

Paso 2 Escucha la conversación entre el médico y el paciente. Luego contesta las siguientes preguntas.

VOCABULARIO ÚTIL

me duele *it hurts me*
la rodilla *knee*

1. ¿Qué problema tiene el paciente?

_____

2. ¿Qué dice el médico en cuanto al correr?

_____

3. ¿Qué no puede hacer el paciente ahora?

_____

B. *Paso 1 Escucha a la persona describir lo que hacía de niña. Luego, usando las palabras a continuación, describe lo que hacía la persona. Escribe oraciones completas.

VOCABULARIO ÚTIL

pirata *pirate*
hacer de *to pretend, play at*

1. televisión: _____

2. juegos: _____

3. imaginación: _____

4. «Superman»: _____

Paso 2 Ahora contesta las preguntas a continuación con dos o tres oraciones. Después, contéstalas oralmente como práctica.

1. ¿Tenías buena imaginación de niño/a? Explica.

_____

_____

_____

_____

_____

2. ¿Hay cosas que hacías de niño/a que ya no haces? Describe tres.

_____

_____

_____

_____

C. Escoge una de las alternativas a continuación.

ALTERNATIVA A

Imagínate que tienes que darle consejos a un nuevo (una nueva) estudiante que no conoce muy bien la universidad. Está en tu clase de español y tiene la misma especialización que tú. Escribe tres mandatos afirmativos (usa las formas verbales correspondientes a **tú**) y tres negativos sobre la universidad, las clases, el horario, etcétera.

ALTERNATIVA B

Imagínate que tienes que darle consejos a un nuevo compañero (una nueva compañera) de trabajo. Esta persona va a trabajar contigo y te toca entrenarla (*to train him/her*). Escribe tres mandatos afirmativos (usa las formas verbales correspondientes a **tú**) y tres negativos sobre la oficina, el horario, los compañeros de trabajo, etcétera.

MANDATOS AFIRMATIVOS

1. _____

2. _____

3. _____

MANDATOS NEGATIVOS

4. _____

5. _____

6. _____

SOMOS LO QUE SOMOS

¿CON QUÉ ANIMAL TE IDENTIFICAS?

En esta lección del Manual, *vas a*
- practicar la descripción de la personalidad
- practicar el pretérito perfecto
- practicar más verbos «reflexivos»

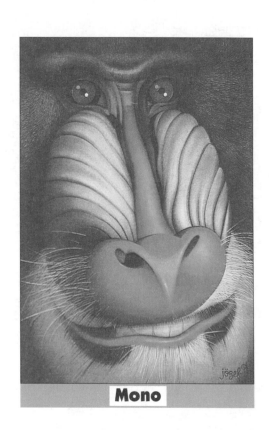

Mono

Vistazos

El horóscopo chino (I)

Vocabulario esencial: ¿Cómo eres?

*Actividad A   Antónimos

Usando la información presentada en el **Vocabulario esencial** en el libro de texto, selecciona el antónimo de cada palabra indicada.

1. optimista

   a. ambicioso   b. pesimista   c. rebelde

2. superficial

   a. profundo   b. inquieto   c. nervioso

3. metódico

   a. lógico   b. organizado   c. caótico

4. calmado

   a. pacífico   b. violento   c. irresistible

5. creador

   a. imaginativo   b. impasible   c. destructor

Actividad B   Asociaciones

Paso 1   Empareja cada característica con lo que generalmente se asocia.

A

1. _____ autoritario
2. _____ discreto
3. _____ desconfiado
4. _____ equilibrado
5. _____ inquieto

B

a. moverse constantemente
b. guardar secretos
c. tomar el mando
d. no creer en nadie
e. evitar las reacciones extremas

Paso 2   Ahora lee las siguientes oraciones para verificar tus respuestas.

1. Una persona autoritaria siempre trata de tomar el mando en una situación.
2. Una persona discreta nunca revela secretos; los guarda muy bien.
3. Una persona desconfiada no cree en nadie.
4. Una persona equilibrada evita las reacciones extremas.
5. Una persona inquieta se mueve constantemente.

Actividad C   ¿Cierto o falso?

Vas a escuchar una serie de descripciones de las características de algunas personas. Di si cada una es cierta o falsa.

MODELO   (*oyes*) Si una persona tiene ideas creativas, se dice que es una persona imaginativa. ¿Cierto o falso? →
(*dices*) Cierto.
(*oyes*) Es cierto. Si una persona tiene ideas creativas, se dice que es una persona imaginativa.

1... 2... 3... 4... 5... 6... 7... 8...

Actividad D   ¿Tienes buena memoria?

Vas a escuchar nueve preguntas sobre las características que se asocian con los animales del horóscopo chino. Primero, estudia las descripciones en el libro de texto y luego intenta responder de memoria.

MODELO   (*oyes*) ¿Es violento o ambicioso el tigre? →
(*dices*) Violento.
(*oyes*) El tigre es violento.

1... 2... 3... 4... 5... 6... 7... 8... 9...

Vocabulario esencial: ¿Cómo es la serpiente?   Describing Personalities (II)

*Actividad E   Definiciones

Estudia el vocabulario del **Vocabulario esencial**. Luego indica si la definición dada (*given*) es correcta o no.

		SÍ	NO
1.	**cabezón, cabezona** Se usa para referirse a una persona obstinada.	☐	☐
2.	**sabio/a** Se dice de la persona que no comprende la naturaleza humana.	☐	☐
3.	**celoso/a** Se usa este adjetivo para describir a quien no le gusta ver a su pareja (*mate, partner*) interesada en otra persona.	☐	☐
4.	**divertido/a** Se usa este adjetivo para describir a una persona letárgica que no sabe disfrutar de (*to enjoy*) la vida.	☐	☐
5.	**chismoso/a** Se dice de la persona a quien le gusta hablar de otras personas.	☐	☐
6.	**encantador(a)** Se utiliza para referirse a la persona que siempre les cae bien (causa muy buena impresión) a los demás.	☐	☐
7.	**indeciso/a** Se dice de la persona capaz de tomar decisiones sin dificultad.	☐	☐
8.	**perfeccionista** Se dice de la persona que se contenta con la mediocridad.	☐	☐
9.	**impaciente** Se usa este adjetivo para describir a una persona a quien no le gusta esperar.	☐	☐

Actividad F   ¿Cierto o falso?

Vas a escuchar una serie de descripciones de las características de algunas personas. Di si es cierta o falsa cada una.

MODELO   (*oyes*) Si una persona cambia mucho de opinión, se dice que es una persona indecisa. ¿Cierto o falso?
(*dices*) Cierto.
(*oyes*) Es cierto. Una persona que cambia mucho de opinión es indecisa.

1... 2... 3... 4... 5... 6... 7...

Actividad G ¿Por qué?

Paso 1 Contesta usando el modelo.

> MODELO ¿Por qué necesita mucha dirección la cabra? →
> La cabra necesita mucha dirección porque es insegura.

¿Por qué...

1. no debes contarle un secreto al caballo?

   _____

2. es difícil ser novio de la serpiente?

   _____

3. es difícil complacer (*to please*) al dragón?

   _____

4. tiene dificultades en supervisar a los demás la cabra?

   _____

5. puede interpretar las acciones de los demás la serpiente?

   _____

6. siempre lo pasa bien en Disneylandia el caballo?

   _____

 Paso 2 Ahora escucha el programa auditivo para verificar tus respuestas.

Comunicación

 Para entregar En cada situación...

Paso 1 Decide si el animal indicado tendría (*would have*) dificultades o no en cada situación. En una hoja aparte, explica por qué.

LA CABRA

1. Tiene que ir a una fiesta de cumpleaños este sábado y va a una tienda para comprar un regalo para la persona de honor.

EL CABALLO

2. Quieren organizar un equipo de boliche en su compañía. Le preguntaron si tenía ganas de participar. Dijo que sí.

LA SERPIENTE

3. Quieren nombrar a la serpiente candidata para la Corte Suprema de Justicia de los Estados Unidos.

EL DRAGÓN

4. Piensa cambiar de profesión y hacerse abogado (*to become a lawyer*). Quiere trabajar con los que tienen recursos económicos limitados.

Name_____ Date_____ Class_____

Paso 2 El Departamento de Psicología de la universidad busca voluntarios para un estudio científico. Quieren estudiar el comportamiento (*behavior*) de los seres humanos bajo condiciones extremas. Imagínate que vas a estar un mes entero con otra persona en una casa. No tienes acceso al mundo exterior. Es decir, no tienes televisión, radio ni periódicos. En vista de (*In light of*) estas condiciones, ¿prefieres pasar el mes con «una rata», «un buey», «un tigre» o «un conejo»? Repasa las descripciones en el libro de texto y luego escribe una composición de 50 palabras en la que explicas lo que seleccionaste y por qué. Debes considerar tu propia personalidad al decidir.

Vistazos

El horóscopo chino (II)

Vocabulario esencial: ¿Y el gallo? ¿Cómo es? Describing Personalities (III)

*Actividad A Oraciones incompletas

Haz oraciones completas usando una frase de cada columna.

A	B
1. _____ Un soñador siempre...	a. es fácil de engañar (*trick*).
2. _____ Una persona maliciosa...	b. no acepta cambios fácilmente.
3. _____ Una persona egoísta...	c. no hace nada de bueno.
4. _____ Una persona conservadora...	d. se cree superior a los demás.
5. _____ Un amigo leal...	e. te da apoyo (*support*).
6. _____ Una persona ingenua...	f. tiene grandes planes.

Actividad B Descripciones

Paso 1 Estudia las descripciones del **Vocabulario esencial** en el libro de texto.

***Paso 2** Da el nombre del animal descrito.

1. Es un animal sociable, astuto e interesante. Es muy inteligente y tiene una memoria fantástica, pero no es un buen amigo porque miente con facilidad, es malicioso y poco escrupuloso.

   _____ representa el signo bajo el que nace la gente más extraordinaria.

2. Este animal sería (*would be*) buen confidente y amigo porque puedes confiar completamente en él. Es muy sincero y escrupuloso, además de galante. Al mismo tiempo, sería un error dejar que

   _____ manejara (*to let him manage*) tu dinero; es honesto pero torpe en asuntos financieros.

3. Noble y leal, este animal guardará tus secretos fielmente. Es honrado y discreto, pero no mira el lado bueno de las cosas porque _____ es el mayor pesimista del mundo.

4. Si quieres hablar del futuro, habla con este estimulante animal. Tiene sueños magníficos y realmente cree que pueden ser realizados. El único problema es que tu opinión no le importa, porque _____ es bastante arrogante y siempre cree que lo sabe todo.

*Actividad C ¿Bajo qué signo nació°?

was born

Vas a escuchar descripciones de dos personas. Para cada descripción escoge dos palabras que mejor describan a la persona y luego decide bajo qué signo nació.

1. Dos palabras que describen a Marta son...

   a. arrogante b. soñadora c. pesimista d. humanitaria

2. Basándome en la descripción, creo que Marta nació bajo el signo del...

   a. perro b. cerdo c. mono d. gallo

3. Dos palabras que describen a Rodrigo son...

   a. malicioso b. leal c. chismoso d. respetuoso

4. Basándome en la descripción, creo que Rodrigo nació bajo el signo del...

   a. perro b. cerdo c. mono d. gallo

Comunicación

Para entregar ¿Cuáles son tus características?

Paso 1 ¿Tienes una característica en común con los siguientes animales? En una hoja aparte, escribe el nombre de cada animal y la característica bajo el nombre.

la rata	el buey	el tigre	el conejo
el dragón	la serpiente	el caballo	la cabra
el mono	el gallo	el perro	el cerdo

Paso 2 Divide las características en dos categorías: las positivas y las negativas.

Paso 3 Usando la información que tienes en los **Pasos 1–2,** escribe un párrafo en el que describes tu personalidad. Explica en qué te pareces a los diferentes animales y cuáles son tus características positivas y negativas.

MODELO Soy como el/la _____ y el/la _____ porque soy _____ y _____.
Éstas son características positivas/negativas de mi personalidad.

Vistazos

La expresión de la personalidad

Gramática esencial: ¿Has mentido alguna vez?

Introduction to the
Present Perfect

Actividad A ¿Eres pelotero/a°?

someone who butters someone up

Paso 1 Read the questions and indicate if you have done any of the activities in your Spanish class.

	SÍ, LO HE HECHO	NO, NO LO HE HECHO
1. ¿Le has dado un cumplido (*compliment*) al profesor (a la profesora) de español?	☐	☐
2. ¿Has hecho algún proyecto para recibir crédito extra?	☐	☐
3. ¿Has ido a hablar con el profesor (la profesora) durante sus horas de oficina?	☐	☐
4. ¿Le has dado algún regalo (*gift*) al profesor (a la profesora) de español?	☐	☐
5. ¿Le has invitado a tomar una copa?	☐	☐
6. ¿Has participado más de lo necesario en la clase de español?	☐	☐
7. ¿Le has dicho que la clase de español es la mejor que has tomado?	☐	☐

Paso 2 Basándome en las respuestas en el **Paso 1...**

☐ me considero pelotero/a.

☐ no me considero pelotero/a.

*Actividad B ¿Quién lo dijo?

Listen as the speaker makes a statement. Write it down and then determine what famous historical person or literary character might have said it. (Use the chart on the next page.)

MODELO   (*you hear*)   No he descubierto la fuente de la juventud. Voy a volver a Puerto Rico.

         (*you write down*)   No he descubierto la fuente de la juventud. Voy a volver a Puerto Rico. Ponce de León.

Cita (*Quote*)	Persona que lo dijo
1.	
2.	
3.	
4.	
5.	

Actividad C ¡Han alquilado una casa!

Paso 1 Read the list of activities that two people might have done recently. (The checkoff boxes are for **Paso 2**.)

		SÍ	NO
1.	Han alquilado (*rented*) una nueva casa.	☐	☐
2.	Han pintado la casa.	☐	☐
3.	Han comprado muebles (*furniture*) nuevos.	☐	☐
4.	Se han dividido los quehaceres domésticos.	☐	☐
5.	Han decidido cuál de ellos va a lavar toda la ropa.	☐	☐
6.	Han decidido que cada uno va a limpiar su propio cuarto.	☐	☐
7.	Han decidido ir al supermercado juntos.	☐	☐
8.	Han establecido reglas para el uso de la televisión.	☐	☐
9.	Han decidido que cada uno va a cocinar su propia comida.	☐	☐
10.	Se han dividido las cuentas.	☐	☐
11.	Han buscado una mascota (*pet*).	☐	☐
12.	Han pensado que va a ser divertido vivir juntos.	☐	☐

*Paso 2 Now listen to one of the people talk about what she and the other person have done. Take notes if you need to. After listening, go back to the list of activities in **Paso 1** and check **sí** or **no**, depending on whether the people described in the listening passage have done them.

*Paso 3   Considering what you heard in **Paso 2** and the items you checked in **Paso 1,** with which of the following statements do you agree?

	SÍ	NO
1. Las dos personas son compañeros de cuarto.	☐	☐
2. Las dos personas tienen relaciones amorosas pero no están casadas.	☐	☐
3. Las dos personas están casadas.	☐	☐

Actividad D   Tu personalidad

As you know from your textbook, by examining what you have done you can discover aspects of your personality.

Paso 1   Read the questions that follow and see if you can determine what the questions are attempting to uncover about your personality.

1. ¿Alguna vez has estudiado toda la tarde y toda la noche para un examen que tenías a la mañana siguiente?
2. ¿Alguna vez has tenido que escribir una composición para una clase una hora antes de que la clase comenzara, porque se te olvidó escribirla anteriormente?
3. ¿Alguna vez has llegado tarde a una fiesta porque no compraste antes el regalo que tenías que llevar?
4. ¿Alguna vez has comprado un regalo de Navidad el 24 de diciembre?
5. ¿Alguna vez has limpiado tu casa minutos antes de la llegada (*arrival*) de una visita?

In a moment you will find out what the questions are getting at, but first complete **Paso 2.**

Paso 2   Answer the preceding questions truthfully. Keep track of your answers with the check boxes.

	SÍ, VARIAS VECES	SÍ, UNA VEZ	NO, NUNCA
1.	☐	☐	☐
2.	☐	☐	☐
3.	☐	☐	☐
4.	☐	☐	☐
5.	☐	☐	☐

Paso 3   If you guessed that the questions are about a predisposition to doing things at the last minute, you were correct. Score two points for each **sí, varias veces,** one point for each **sí, una vez,** and zero points for each **no, nunca.** If your score is greater than five, you tend to do things at the last minute.

Gramática esencial: ¿Te atreves a... ?   More Verbs That Require a Reflexive Pronoun

*Actividad E   Definiciones

Match the word with its correct definition.

1. _____ Este verbo describe el acto de ridiculizar a otra persona.

2. _____ Este verbo se refiere a la manera de presentarse y de actuar, ya sea bien o mal.

3. _____ Este verbo significa **manifestar** o **expresar descontento.**

4. _____ El sinónimo de este verbo es **alabarse;** es decir, hablar bien de sí mismo o de sus propias acciones.

5. _____ Este verbo significa **hacer o decir algo difícil o arriesgado** (*risky*).

6. _____ El sinónimo de este verbo es **llegar a saber;** es decir, **estar enterado** (*aware*) **de algo.**

a. darse cuenta
b. burlarse
c. jactarse
d. atreverse
e. quejarse
f. portarse

Actividad F   Ideas incompletas

Complete the following statements about yourself.

1. Siempre me porto bien cuando _____.

2. A veces me quejo de _____.

3. Nunca me atrevo a _____.

4. No me considero una persona cruel, pero a veces me burlo de _____.

5. No soy presumido/a (*conceited*), pero a veces me jacto de _____.

Actividad G   ¿Quién?

Complete the statements with names of friends/acquaintances who you think have done the following. Try to come up with a different name for each statement.

1. _____ se ha jactado de sus notas.

2. _____ se ha quejado de su peso (*weight*).

3. _____ se ha atrevido a hacer paracaidismo (*skydiving*).

4. _____ se ha portado muy mal en una clase universitaria.

5. _____ se ha burlado del presidente de los Estados Unidos.

Comunicación

Para entregar   Algunas preguntas para el profesor (la profesora)

Using each verb from the list below at least once, formulate a series of questions for your instructor, to find out about things he or she has done. Remember to use the present perfect. (¡**OJO!** Does your instructor require that you use the formal **Ud.** when addressing him or her, or can you use the familiar **tú?** Keep this in mind when writing your questions!)

atreverse a
burlarse de
comportarse

jactarse de
quejarse de

Prueba de práctica

En esta lección

- aprendiste a describir la personalidad
- leíste sobre los animales y la personalidad
- aprendiste el pretérito perfecto
- aprendiste algunos verbos «reflexivos»
- aprendiste sobre el horóscopo chino y también sobre los animales en el mundo hispano

A. *Paso 1 Escoge la palabra que mejor corresponda a cada definición.

1. Esta palabra describe a la persona que se preocupa por los detalles, que no se contenta con la mediocridad.

 a. chismoso b. perfeccionista c. sabio

2. Se usa esta palabra para hablar de una persona flexible, una persona abierta a situaciones diferentes.

 a. tradicional b. egoísta c. adaptable

3. Se dice de la persona que siempre ve lo negativo en cada situación.

 a. encantador b. inseguro c. pesimista

4. Esta palabra describe a la persona que no sigue rutinas fijas (*fixed*), que se deja llevar por sus impulsos.

 a. espontáneo b. cabezón c. indiscreto

5. Se dice de la persona que toma en cuenta (*takes into account*) las opiniones y los sentimientos de los demás.

 a. idealista b. respetuoso c. reservado

6. Para describir a la persona a quien le gustan las aventuras y las experiencias nuevas se usa esta palabra.

 a. arriesgado b. creador c. cerebral

7. Se dice de la persona que siempre habla mal de los demás o que cuenta historias de otras personas.

 a. astuto b. chismoso c. ingenuo

8. Esta palabra describe a la persona inocente, a la persona inexperta.

 a. ingenuo b. estimulante c. superficial

 Paso 2 ¿Cómo eres tú? ¿Eres arrogante? ¿idealista? ¿adaptable? En una hoja aparte, describe a ti mismo/a en un párrafo de 75 palabras. Si quieres, puedes utilizar algunos de los adjetivos dados (*given*) en el **Paso 1.** Explica tu descripción con ejemplos concretos.

 B. Escucha las descripciones en el programa auditivo y decide a qué animal se refiere cada una.

 MODELO (*oyes*) Este animal es violento, rebelde y autoritario. ¿Es el conejo o el tigre? →
 (*dices*) el tigre
 (*oyes*) El tigre es violento, rebelde y autoritario.

 1... 2... 3... 4... 5... 6...

C. Paso 1 ¿Has hecho algo nuevo desde que (*since*) empezaste a estudiar español? Escribe cinco oraciones usando el pretérito perfecto. Puedes escoger de las frases a continuación o puedes inventar tus propias frases.

soñar en español
probar un plato nuevo (español, mexicano, caribeño, etcétera)
ver una película en español
escuchar música latina
tener una conversación con un hispanohablante
escribir una carta en español
leer un artículo en español
hacer un viaje a un país hispanohablante
ver una comedia (obra dramática) de tema hispano

1. _____
2. _____
3. _____
4. _____
5. _____

Paso 2 ¿Y qué ha pasado en el mundo este año? Complete las oraciones a continuación. Usa el pretérito perfecto.

1. Una cosa muy interesante que ha pasado en la política este año es que _____

   _____

2. Aquí en la universidad han pasado muchas cosas. Por ejemplo, _____

   _____

3. Claro que en Hollywood han ocurrido varias cosas. Una cosa muy graciosa es que _____

   _____

4. Tristemente también ha habido muchos crímenes violentos. Por ejemplo, _____

   _____

D. Usando los verbos a continuación, prepara cuatro preguntas que le puedes hacer a un amigo. Prepárate también para hacerle las preguntas oralmente, como si fuera (*as if it were*) una entrevista.

atreverse a   burlarse de
jactarse de   quejarse de

1. _____
2. _____
3. _____
4. _____

E. Contesta las preguntas a continuación, basándote en la información presentada en la **Lección 13.**

1. Según el horóscopo chino, ¿cuál es tu signo (tu animal)? ¿Cuáles son las características de este animal? ¿Te describe bien o no? Explica.

   _____

   _____

   _____

   _____

2. ¿Cuál era uno de los animales que utilizaban los mayas y los aztecas como símbolo de su pueblo (*people*) y por qué lo seleccionaron como símbolo?

   _____

   _____

   _____

   _____

14 ¿QUÉ RELACIONES TENEMOS CON LOS ANIMALES?

En esta lección del Manual, *vas a*
- practicar otra forma verbal, el condicional
- repasar y practicar los objetos directos e indirectos
- practicar la descripción de dónde vives y por qué

Vistazos

Las mascotas (I)

Gramática esencial: ¿Sería buena idea?

Introduction to the Conditional Tense

Actividad A Reacciones

Paso 1 Mark how you would feel or react in each situation. You may select more than one reaction if it is logical to do so.

1. Si perdiera mi libro de español...

   □ me pondría muy enfadado/a.

   □ me pondría irritado/a, pero no enfadado/a.

   □ compraría otro en seguida (*right away*).

   □ sacaría fotocopias de las páginas del libro de un amigo.

   □ estudiaría con otra persona.

2. Si mi amigo ya no pudiera quedarse con su perro...

   □ le cuidaría yo mismo/a el perro.

   □ lo ayudaría a buscarle otro amo (*owner*).

   □ me quedaría con el perro.

   □ les preguntaría a mis padres si se quedarían con él.

   □ no me importaría.

3. Si recibiera una nota baja en un examen importante...

   □ hablaría con el profesor (la profesora).

   □ dejaría (*I would drop*) el curso.

   □ estudiaría más en el futuro.

   □ buscaría un compañero (una compañera) de clase para que me ayudara a estudiar.

   □ no me preocuparía.

4. Si encontrara un gato perdido cerca de mi casa...

    ☐ pondría un anuncio en el periódico.

    ☐ llamaría a la Sociedad Protectora de Animales.

    ☐ me quedaría con él.*

    ☐ hablaría con mis amigos para ver quién se quedaría con él.

    ☐ no haría nada.

5. Si encontrara una bolsa (*bag*) llena de dinero en el parque...

    ☐ se la entregaría a la policía.

    ☐ me quedaría con ella sin decírselo a nadie.

    ☐ gastaría todo el dinero.

    ☐ donaría el dinero a una institución caritativa (*charity*).

    ☐ no la recogería (*would pick up*).

Paso 2 Now listen to the person on the audio program say how she would react. Take notes alongside the sentences in **Paso 1,** if you wish. You will be asked about this information in **Paso 3.**

Paso 3 Considering your answers and those you heard, which of the following best compares your reactions with the speaker's?

   ☐ Más o menos tendríamos la misma reacción en cada caso.

   ☐ En algunos casos tendríamos la misma reacción; en otros, sería diferente.

   ☐ Tendríamos reacciones completamente diferentes.

If there is time in class, compare responses with someone and do **Paso 3** again using that person's responses and your own.

Actividad B Si tuviéramos un perro...

Paso 1 Imagine that you are attempting to determine whether you and the person you live with should get a dog. Which of the following questions should you consider as you make your decision?

		SÍ	NO
1.	¿Quién sacaría el perro de paseo?	☐	☐
2.	¿Quién le daría de comer?	☐	☐
3.	¿Quién limpiaría el excremento que deja el perro?	☐	☐
4.	¿Quién jugaría con el perro?	☐	☐
5.	¿Dónde dormiría el perro?	☐	☐
6.	¿Dónde se quedaría el perro durante el día?	☐	☐
7.	¿Qué haríamos con el perro durante las vacaciones?	☐	☐
8.	¿Quien bañaría al perro?	☐	☐

---

* In this context **me quedaría con** means *I would keep.*

	SÍ	NO
9. ¿Quién pagaría las cuentas del veterinario?	☐	☐
10. ¿Quién entrenaría al perro?	☐	☐

Paso 2   Now listen to two different people talk about what they would or would not do if they owned a dog. Jot down their responses.

PERSONA 1   PERSONA 2

_____   _____

_____   _____

_____   _____

_____   _____

_____   _____

Paso 3   Which of the two people you listened to in **Paso 2** would be compatible with you as a dog owner? Name three things that you would both do that would be compatible.

☐ PERSONA 1   ☐ PERSONA 2

_____

_____

_____

Actividad C   En una situación parecida...

Listen as the speaker describes a situation and how he reacted. Then indicate what you would do or say in a similar situation.

1. En una situación parecida, yo...

   ☐ haría lo mismo.   ☐ haría algo diferente.   ☐ no haría nada.

2. En una situación parecida, yo...

   ☐ diría lo mismo.   ☐ no diría nada.

3. En una situación parecida, yo...

   ☐ buscaría otro restaurante.   ☐ me quedaría en el restaurante.

4. En una situación parecida, yo...

   ☐ tendría mucha hambre.   ☐ no tendría tanta hambre.

5. En una situación parecida, yo...

   ☐ podría vivir con esa persona sin problema.   ☐ no podría vivir con esa persona.

6. En una situación parecida, yo...

   ☐ bajaría del autobús también.   ☐ le diría algo.   ☐ no haría nada.

Actividad D Si fuera* posible...

You are once again called on to speak for the class!

Paso 1 Check off those items in the list that you think are true for the class.

1. Muchos harían trabajo extra para la clase si fuera posible. ☐

2. Muchos estudiarían en España o en México si les fuera posible. ☐

3. Muchos tendrían que estudiar toda la noche si el examen final fuera mañana. ☐

4. En caso de urgencia, muchos podrían ayudar a una persona que no supiera (*didn't know how*) hablar inglés, si fuera necesario. ☐

5. Muchos no irían a clases los viernes si les fuera posible. ☐

6. Muchos escribirían «Sí, hablo español» en una solicitud de empleo (*job application*) si fuera necesario. ☐

*Paso 2 For each item in **Paso 1,** write a corresponding sentence for yourself.

MODELO Yo trabajaría el doble para la clase si fuera posible.

1. _____

2. _____

3. _____

4. _____

5. _____

6. _____

Comunicación

Para entregar Situaciones

Select one of the following situations and respond to it in a composition of approximately 100 words.

SITUACIÓN 1

Un pariente que murió te ha dejado cien mil dólares bajo la siguiente condición: tienes que cuidar de (*take care of*) su mascota favorita, un cocodrilo (¡precioso!) de tres años. ¿Qué harías en esa situación? ¿Aceptarías las condiciones de tu herencia (*inheritance*)? ¿Qué harías con el cocodrilo?

SITUACIÓN 2

Un día tu compañero/a de casa llega con un perrito. Lo ha encontrado en la calle y el pobre animal está en malas condiciones. Tu compañero/a quiere quedarse con él pero tú eres alérgico/a a los perros. ¿Qué harías en esa situación? ¿Qué le dirías a tu compañero/a? ¿Le permitirías quedarse con el perrito? ¿Cómo resolverías el problema?

SITUACIÓN 3

Imagínate que puedes tener como mascota cualquier animal del mundo —desde el más común (por ejemplo, un perro) hasta el más exótico (por ejemplo, un leopardo). ¿Qué animal te gustaría tener y por qué? ¿Cómo lo cuidarías? ¿Qué le darías de comer? ¿Cuáles serían algunos problemas posibles? ¿Cómo los resolverías?

_____

*Here, **fuera** is a form of **ser,** and **si fuera** means *if it were*. Remember that **fuera** can also be a form of **ir** (*to go*).

Vistazos

Las mascotas (II)

Gramática esencial: ¿Te hacen sentirte bien?

Review of Direct and
Indirect Object Pronouns

Actividad A   Mascotas exóticas

If you were owner of the strange pets below, how would you care for them? (Note that in some sentences the direct object pronoun **lo/la** is used, whereas in others the indirect object pronoun **le** is used. Can you explain why in each case?)

1. Si tuviera (*I had*) un puercoespín (*porcupine*)...

   ☐ lo dejaría dormir en mi cama.

   ☐ lo acariciaría (*I would pet*).

   ☐ lo sacaría de paseo.

   ☐ lo bañaría.

   ☐ lo besaría.

   ☐ lo llevaría al veterinario.

   ☐ le daría insectos de comida.

   ☐ le compraría juguetes.

2. Si tuviera una serpiente boa...

   ☐ la dejaría dormir en mi cama.

   ☐ la acariciaría.

   ☐ la sacaría de paseo.

   ☐ la bañaría.

   ☐ la besaría.

   ☐ la llevaría al veterinario.

   ☐ le daría insectos de comida.

   ☐ le compraría un frasco de perfume.

220   *Lección catorce*

Actividad B Los ruidos que hacen los animales

Every animal has a characteristic sound. Do the sounds some animals make communicate danger while others are soothing? Fill in the blanks below with the verb that best describes how each animal sound makes you feel. You may select from the list or use your own verbs.

dar asco   hacer sentirme bien
dar miedo   irritar
encantar   poner nervioso/a
fascinar   tranquilizar
hacer reír

1. El ladrido de un doberman me _____.

2. El ladrido de un caniche (*poodle*) me _____.

3. El aullido de una hiena me _____.

4. El barrito de un elefante me _____.

5. El trineo de un canario me _____.

6. El chillido de un chimpancé me _____.

7. El gruñido de un cerdo me _____.

8. El maullido de un gato me _____.

9. El silbido de una marsopa (*porpoise*) me _____.

Actividad C Amigos

Not everyone likes animals, and many people would prefer the company of a friend to that of a pet. How are pets different from friends? Or are they the same in some cases? Which of the following statements do you think are true for pets? for friends? Mark those that apply.

	UNA MASCOTA	UN AMIGO
1. Nos obedece.	☐	☐
2. Nos saluda cuando llegamos a casa.	☐	☐
3. Nos protege.	☐	☐
4. Nos hace reír.	☐	☐
5. Nos escucha cuando tenemos problemas.	☐	☐
6. Nos abandona en momentos difíciles.	☐	☐
7. Nos quiere incondicionalmente.	☐	☐
8. Nos ayuda.	☐	☐
9. Nos juzga (*judges*).	☐	☐
10. Nos critica.	☐	☐

Save your responses to this activity. You will need them for **Comunicación.**

*Actividad D   Un diálogo frecuente

Listen to the dialog on the audio program between a husband and wife and decide who would be most likely to say the following.

VOCABULARIO ÚTIL

¡A otro perro con ese hueso (*bone*)!   *Who are you trying to kid?*

		EL HOMBRE	LA MUJER
1.	Un perro nos protegería.	☐	☐
2.	Un perro me daría más trabajo.	☐	☐
3.	Me encantaría un gato siamés.	☐	☐
4.	Y un perro, ¿quién lo cuidaría?	☐	☐
5.	Los perros me dan miedo.	☐	☐
6.	Un perro nos divertiría.	☐	☐
7.	Me molestan los gatos.	☐	☐

Comunicación

Para entregar   Amigos y mascotas

In **Actividad C** you indicated your reactions to some statements about pets and friends. Based on those responses, complete the following statement with a paragraph of 80–100 words. Pay attention to your use of direct and indirect object pronouns.

> MODELO   En mi opinión, las mascotas y los amigos son (diferentes/parecidos) porque...

Vistazos

La vivienda

Vocabulario esencial: ¿La ciudad o el campo?

Talking About Where
You Live and Why

*Actividad A   Preguntas

Escoge la respuesta que mejor contesta cada una de las siguientes preguntas.

1. ¿Cuál de los siguientes gastos (*expenses*) no es típico de un estudiante?

   a. la matrícula   b. la comida   c. los libros   d. los impuestos municipales

2. ¿Cuál de los siguientes lugares esperas encontrar en una residencia estudiantil?

   a. una biblioteca grande   b. una cafetería   c. un bar   d. un mercado

3. ¿Cuál es más grande, un barrio o una ciudad? _____

4. ¿Cómo se mide (*measure*) el tamaño de una casa o piso normalmente?

    a. por su altura   b.   por el área que ocupa   c.   por el número de personas que habitan allí

5. De los siguientes productos, ¿cuál no se puede comprar en una tienda?

    a. un periódico   b.   la leche   c.   un auto

6. ¿Cuál de los siguientes elementos influye directamente en el costo de la vida?

    a. la inflación   b.   la temperatura   c.   la televisión

7. ¿En cuál(es) de los siguientes lugares se puede encontrar más tranquilidad?

    a. en un residencia estudiantil   b.   en una casa particular   c.   en un piso

*Actividad B   Definiciones

Vas a escuchar una serie de descripciones y definiciones. Escoge la palabra o frase de la lista a continuación que mejor corresponda a cada descripción.

MODELO   (*oyes*) Es otro nombre para referirse a un apartamento. →
           (*escribes*) el piso

la ausencia de algo	la casa particular	el tamaño
el barrio	el piso	la vivienda
el campo	la residencia estudiantil	

1. _____   3. _____   5. _____

2. _____   4. _____   6. _____

Actividad C   Más definiciones

A continuación hay una lista de palabras. Vas a escuchar tres definiciones para cada palabra. Marca la letra de la definición correcta de cada palabra. La respuesta se dará (*will be given*) en el programa auditivo.

1. la tienda   a   b   c   4. considerar   a   b   c

2. el barrio   a   b   c   5. el campo   a   b   c

3. la casa particular   a   b   c

*Actividad D   Las personas y sus viviendas

Vas a escuchar descripciones de las viviendas de las personas que se encuentran en los dibujos a continuación. Escucha con cuidado y escribe el número de la descripción que lógicamente corresponda a cada persona o personas.

a. _____

b. _____

c. _____

d. _____

e. _____

Comunicación

 Para entregar   Un misterio

En esta actividad le vas a describir a tu profesor(a) de español tu casa, residencia o piso. El objetivo es darle datos del tamaño, los gastos, el barrio, etcétera, pero sin identificar explícitamente la localidad. ¿Puede tu profesor(a) adivinar dónde vives?

MODELO   Yo vivo en un piso regular. Es decir, no es grande ni pequeño. Está lejos de la universidad, en un barrio tranquilo. Muy pocos estudiantes viven en esa zona. La mayoría de las personas son profesionales o jubilados. Muchas personas tienen mascotas. Cerca de mi piso hay un restaurante italiano y un Walmart. Etcétera.

Prueba de práctica

En esta lección

- aprendiste otra forma verbal, el condicional
- repasaste los objetos directos e indirectos
- describiste dónde vives y por qué
- reflexionaste sobre las relaciones entre la gente y las mascotas

A. Paso 1 ¿Conoces la personalidad de tus compañeros de clase? Decide quién sería compatible con cada mascota a continuación y escribe una oración explicando tu opinión. Usa el condicional en tus respuestas.

MODELO Michelle sería compatible con un chimpancé porque los dos comerían bananas todo el día.

1. _____ sería compatible con un canario porque _____

_____

2. _____ sería compatible con un gato siamés porque _____

_____

3. _____ sería compatible con una tortuga porque _____

_____

4. _____ sería compatible con un conejo porque _____

_____

Paso 2 ¿Con qué animal serías compatible tú? _____
Ahora, da dos razones por tu opinión. (Usa el condicional.)

1. _____

2. _____

B. Paso 1 Usando el pronombre del objeto indirecto (**me, te, le,** etcétera), explica cómo te afectan los siguientes animales cuando los ves en el zoológico. Puedes incluir los siguientes verbos.

dar miedo	fascinar	poner nervioso/a
divertir	molestar	

1. los elefantes _____

2. los osos polares _____

3. las serpientes _____

4. las jirafas _____

Paso 2 ¿Y cómo te comportas respecto a ciertos animales en el zoológico? Usa el pronombre del objeto directo (**me, te, lo, la,** etcétera) para comentar tus reacciones. Puedes incluir los siguientes verbos.

adorar	imitar
detestar	respetar

1. el leopardo _____

2. los chimpancés _____

3. la orca (*killer whale*) _____

C. Contesta oralmente las preguntas sobre tu vivienda que oyes en el programa auditivo.

1... 2... 3... 4... 5...

D. Contesta las siguientes preguntas basándote en la información presentada en la **Lección 14.**

1. ¿En qué se diferencia la manera en que la gente se comporta respecto a las mascotas en los países hispanos y en los Estados Unidos?

_____

_____

_____

2. En España, la cigüeña está en peligro de extinción. ¿Qué factores han provocado esta situación lamentable?

_____

_____

_____

LECCIÓN

15

¿ES EL SER HUMANO OTRO ANIMAL?

En esta lección del Manual, *vas a*
- practicar cómo dar y seguir direcciones
- practicar ciertas preposiciones y repasar el uso de **estar**
- repasar verbos reflexivos recíprocos

Vistazos

Vocabulario esencial: ¿Dónde está la biblioteca?

Telling Where Things Are

Actividad A   En la clase de español

¿Suelen sentarse los estudiantes en la misma silla todos los días? (¡Es verdad que somos muy rutinarios!) Da los nombres de los estudiantes que se sientan a tu alrededor (*around you*) en la clase de español.

1. _____ se sienta a mi lado.

2. _____ se sienta enfrente de mí.

3. _____ se sienta detrás de mí.

4. _____ se sienta cerca de mí.

5. _____ se sienta lejos de mí.

Actividad B   Lugares importantes en tu vida

Completa las siguientes oraciones con respecto a tu ciudad.

1. Al lado del banco donde tengo mi cuenta corriente (*checking account*) hay _____.

2. Mi tienda favorita está cerca de _____.

3. Detrás de la peluquería (*hair salon*) hay _____.

4. Al lado de la biblioteca hay _____.

5. El supermercado está lejos de _____.

6. Mi restaurante favorito está cerca de _____.

7. Enfrente de mi casa hay _____.

8. Mi parque favorito está cerca de _____.

9. Detrás del gimnasio donde hago ejercicio hay _____.

*Actividad C   ¿Qué se describe?

Escoge la mejor respuesta.

1. Al lado de este lugar hay un restaurante elegante. Detrás, hay un callejón (*alley*) por donde van y vienen los muchos empleados que trabajan aquí. Enfrente siempre hay taxis estacionados (*parked*).

   Se describe _____.   a.   un hospital   b.   un hotel   c.   una iglesia

2. Enfrente de este edificio hay un pequeño estacionamiento exclusivamente para las personas que hacen visita. (Los empleados estacionan sus autos al lado del edificio.) Detrás del edificio hay un gran espacio al aire libre donde se puede hacer deporte.

   Se describe _____.   a. una escuela primaria   b. un hospital   c. un supermercado

3. Este objeto se puede encontrar en cualquier casa. Muchas personas ponen una mesa enfrente de este objeto. A veces, hay una mesa pequeña al lado. Detrás de este objeto hay casi siempre una pared (*wall*).

   Se describe _____.   a. un televisor   b. una cama   c. un sofá

*Actividad D   Situaciones

Escucha estas conversaciones y luego contesta las preguntas.

SITUACIÓN 1

1. Esta conversación probablemente tiene lugar en _____.

   a. la estación de policía   b. la recepción de un hotel   c. el baño de una casa particular

2. El hombre le sugiere a la mujer que tome un taxi porque _____.

SITUACIÓN 2

1. Esta conversación probablemente tiene lugar en _____.

   a. un banco   b. una oficina   c. la calle

2. El señor puede ir caminando hasta el lugar que busca porque _____.

Actividad E   ¿Sí o no?

Según tu experiencia, responde **sí** o **no** a cada afirmación.

		SÍ	NO
1.	Se prohíbe estacionar el auto enfrente de una estación de bomberos (*firehouse*).	☐	☐
2.	Los callejones se encuentran detrás de los edificios y no enfrente de ellos.	☐	☐
3.	Las plantas nucleares suelen estar al lado de un río o muy cerca de un lago.	☐	☐
4.	Las plantas nucleares suelen estar lejos de los centros urbanos.	☐	☐
5.	En los países que tienen costas marítimas, en verano suele hacer más calor cerca del océano que en el interior del país.	☐	☐

Vocabulario esencial: ¿Cómo se llega al zoológico?

Giving and Receiving
Directions

*Actividad F   En el viejo San Juan

A continuación hay un plano de la zona antigua de San Juan llamada El viejo San Juan. En el plano están indicadas las rutas de tres turistas que están visitando la ciudad. Estudia las rutas y luego empareja cada una con la descripción correspondiente.

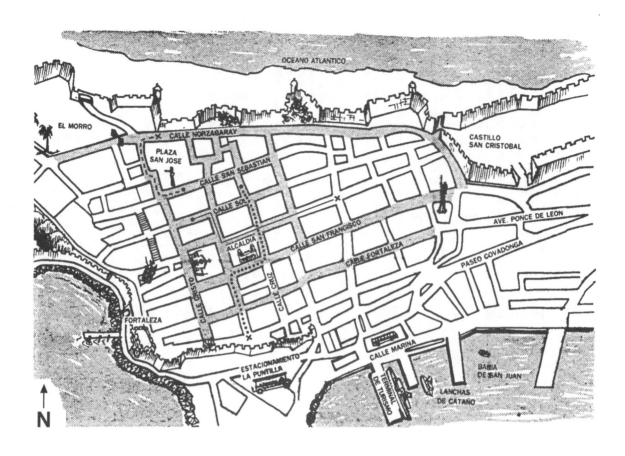

ruta del primer turista: _____

ruta del segundo turista: _ _ _ _ _ _ _ _ _ _ _

ruta del tercer turista: . . . .

Nota: «x» indica dónde comienza la ruta y «•» indica dónde termina.

1. _____ primer turista

2. _____ segundo turista

3. _____ tercer turista

a. Esta persona sigue derecho algunas cuadras y luego dobla a la derecha. En la próxima bocacalle, dobla a la izquierda y sigue derecho algunas cuadras más.

b. Esta persona sigue derecho hasta la primera bocacalle que encuentra. Luego dobla a la izquierda. Sigue derecho algunas cuadras y luego dobla a la izquierda de nuevo.

c. Esta persona sigue derecho algunas cuadras y luego dobla a la derecha. En la próxima bocacalle dobla a la izquierda.

Actividad G ¿Dónde te encuentras?

Paso 1 Usando el plano del viejo San Juan que está en la **Actividad F,** sigue las direcciones y luego indica dónde te encuentras.

1. Estás en la esquina de las calles Cristo y San Francisco mirando hacia el norte. Caminas tres cuadras y doblas a la derecha. Luego caminas dos cuadras más. ¿En qué esquina te encuentras?

   _____

2. Estás en la Fortaleza y comienzas a caminar por la calle San Francisco. Sigues derecho y pasas dos bocacalles y en la tercera doblas a la izquierda. Sigues derecho por la misma calle y dos bocacalles después de la Alcaldía paras (*you stop*). ¿Dónde te encuentras?

   _____

3. Estás en el Castillo San Cristóbal. Sales del Castillo y sigues derecho por la calle Norzagaray hasta llegar a la Plaza San José. Allí doblas a la izquierda y sigues derecho hasta pasar dos bocacalles. ¿Dónde te encuentras?

_____

Paso 2 Ahora escucha las mismas direcciones en el programa auditivo. Luego vas a oír dónde te encuentras. ¿Sabes dónde estás o te has perdido (*did you get lost*)?

Actividad H Una conversación

*Paso 1 Vas a escuchar una conversación telefónica entre dos personas. Escucha la conversación una vez e indica cuál de las siguientes afirmaciones es la más probable.

VOCABULARIO ÚTIL

piedra   *stone*

☐ Gonzalo va a caminar.

☐ Gonzalo va a ir en carro.

Paso 2 Escucha la conversación otra vez. Toma apuntes como si tú fueras Gonzalo. Puedes usar el espacio a continuación.

_____

_____

_____

_____

_____

_____

_____

_____

_____

_____

_____

*Paso 3 Con los apuntes que tomaste, haz un pequeño plano de cómo se llega a la casa de Alejandro.

Actividad I   Símbolos

Paso 1   Escribe una oración para explicar lo que representa cada símbolo a continuación.

> MODELOS   El símbolo indica que se debe seguir derecho.
> El símbolo representa una esquina.

1. ↰   2. ↱   3. ↑   4. ✚   5. ⊣⌐

1. _____

2. _____

3. _____

4. _____

5. _____

 Paso 2   Escucha el programa auditivo para verificar tus respuestas.

Comunicación

 Para entregar   Desde la universidad...

Escoge dos de los siguientes lugares y, en una hoja aparte, explícale al profesor (a la profesora) cómo llegar allí desde la universidad.

1. a tu apartamento o casa (si no vives en una residencia estudiantil)
2. a un restaurante que le recomiendas
3. al banco donde depositas tu dinero
4. a una oficina importante
5. a un cine

Vistazos

Los saludos

Gramática esencial: ¿Cómo se saludan?

Review of Reciprocal Reflexives

Actividad A   ¿Se saludan?

*Paso 1   Review the **Así se dice** on reflexive and reciprocal phrases in **Lección 15** of your textbook. Then read each of the following sentences. If the action is reciprocal, write **el uno al otro** in the space provided. If not, don't write anything.

1. Los dos estudiantes se pasaron notas _____ durante la clase.

   No le hicieron caso al (*They didn't pay attention to the*) profesor ni un minuto.

2. Los perros se comunican _____ sin palabras. Usan los ladridos

   (*barking*), las miradas y las posturas físicas.

3. Las personas con mala memoria se escriben mensajes _____

para recordar cosas importantes.

4. Cuando los chimpancés se ven en el espejo, no se reconocen

_____.

5. Después de muchos años, los dos viejos amigos no se reconocieron

_____.

Paso 2 Indicate whether you think the following reciprocal actions are something that chimpanzees, people, or both chimpanzees and people do to each other.

	CHIMPANCÉS	SERES HUMANOS	LOS DOS
1. Se gritan.	☐	☐	☐
2. Se limpian.	☐	☐	☐
3. Se comunican con gestos.	☐	☐	☐
4. Se abrazan.	☐	☐	☐
5. Se dan la mano.	☐	☐	☐

Actividad B   ¿Evitas el contacto físico?

Paso 1   Read the following questions, then indicate which are true for you (**sí**) and which are not (**no**).

	SÍ	NO
1. Cuando tú y tu mejor amigo/a se saludan…		
a. se besan.	☐	☐
b. se dan la mano.	☐	☐
c. se abrazan.	☐	☐
d. no se tocan de ninguna manera.	☐	☐
e. se tocan de alguna manera.	☐	☐
2. Cuando tú y un profesor (una profesora) se saludan…		
a. se besan.	☐	☐
b. se dan la mano.	☐	☐
c. se abrazan.	☐	☐
d. no se tocan de ninguna manera.	☐	☐
e. se tocan de alguna manera.	☐	☐
3. Cuando tú y tu mejor amigo/a se despiden (*say good-bye*)…		
a. se besan.	☐	☐
b. se dan la mano.	☐	☐
c. se abrazan.	☐	☐

    d.   no se tocan de ninguna manera.   ☐   ☐

    e.   se tocan de alguna manera.   ☐   ☐

4.   Cuando tú y tus padres (hijos, abuelos…) se saludan…

    a.   se besan.   ☐   ☐

    b.   se dan la mano.   ☐   ☐

    c.   se abrazan.   ☐   ☐

    d.   no se tocan de ninguna manera.   ☐   ☐

    e.   se tocan de alguna manera.   ☐   ☐

5.   Cuando tú y tus padres (hijos, abuelos…) se despiden…

    a.   se besan.   ☐   ☐

    b.   se dan la mano.   ☐   ☐

    c.   se abrazan.   ☐   ☐

    d.   no se tocan de ninguna manera.   ☐   ☐

    e.   se tocan de alguna manera.   ☐   ☐

Paso 2   Complete the following sentence.

Basándome en las respuestas del **Paso 1…**

    ☐ suelo evitar el contacto físico con otra persona.

    ☐ no suelo evitar el contacto físico con otra persona.

Actividad C   Nos besamos

Paso 1   Read the list of activities that two people might have done recently. (The check-off boxes are for **Paso 2.**)

	SÍ	NO
1. Se saludaron.	☐	☐
2. Se despidieron.	☐	☐
3. Se besaron el joven y su madre.	☐	☐
4. Se besaron el joven y su padre.	☐	☐
5. Se abrazaron el joven y su madre.	☐	☐
6. Se abrazaron el joven y su padre.	☐	☐
7. Se dieron la mano el joven y su madre.	☐	☐
8. Se dieron la mano el joven y su padre.	☐	☐

*Paso 2   Now listen to one of the people talk about what he and the other people did. Take notes if you need to. After listening, go back to the list of activities in **Paso 1** and check **sí** or **no,** depending on whether the people described in the listening passage did them.

Comunicación

Para entregar ¿Con qué frecuencia?

Write the name of a person whose relationship with you is described in the following sentences. Then give more information about your relationship with that person.

1. _____ y yo nos llamamos frecuentemente, más de una vez a la semana.

2. _____ y yo nos llamamos raras veces, sólo una vez al mes.

3. _____ y yo nos vemos mucho, más de lo que me gusta.

4. _____ y yo nos vemos raras veces. Preferiría que nos viéramos más.

5. _____ y yo nos conocimos (*met each other for the first time*) en un bar.

6. _____ y yo nos conocimos en una clase.

7. _____ y yo nos conocimos en una fiesta.

Prueba de práctica

En esta lección

- estudiaste cómo dar y seguir direcciones en español
- aprendiste ciertas preposiciones y repasaste el uso de **estar**
- estudiaste el lenguaje y la comunicación
- leíste o escuchaste información sobre los diferentes comportamientos de los animales
- repasaste los verbos reflexivos recíprocos

A. Paso 1 Escucha la conversación entre dos mujeres. Luego escribe aquí en forma abreviada las direcciones para llegar a la Oficina de Turismo.

_____

_____

_____

_____

Paso 2 Da direcciones orales correspondientes a las siguientes situaciones.

    a.   ir de la universidad a tu casa
    b.   ir de donde trabajas a tu casa
    c.   ir de donde trabajas al banco
    d.   ir de tu casa al centro comercial (*shopping mall*)

B. *Paso 1 Mira con atención los dos dibujos, estudiándolos unos minutos. Luego, escucha a la persona en el programa auditivo decir diez oraciones. Indica si cada oración se refiere al dibujo A o al dibujo B o a los dos dibujos (LD).

A.   B.

1. ____   6. ____

2. ____   7. ____

3. ____   8. ____

4. ____   9. ____

5. ____   10. ____

Paso 2   Imagínate que estás enfrente de los siguientes lugares, mirando hacia la puerta principal. ¿Qué está (a) a la izquierda, (b) a la derecha y (c) detrás?

1. la biblioteca de la universidad _____

2. tu apartamento, residencia estudiantil o casa _____

3. el edificio donde trabajas _____

C.   Contesta las siguientes preguntas usando información que has aprendido.

1. Explica en veinticinco palabras o menos qué es el sentido de orientación.

_____

_____

_____

_____

_____

2. Describe brevemente el funcionamiento del tercer ojo. ¿Cuáles son algunos animales que lo poseen?

_____

_____

_____

_____

¿ADÓNDE VAMOS?

En esta lección del Manual vas a

- practicar vocabulario relacionado con la ropa y los viajes
- practicar vocabulario relacionado con las profesiones y ocupaciones
- hablar de las cualidades y habilidades necesarias para ejercer ciertas profesiones y ocupaciones
- practicar el uso del futuro de los verbos
- practicar el subjuntivo con posibilidad y probabilidad

Vistazos

La ropa y el viaje

Vocabulario esencial: ¿Cómo te vistes?

Talking About Clothing

*Actividad A   Algunas asociaciones

Paso 1   Mira con atención las fotografías y cuadros que aparecen en **Vocabulario esencial: ¿Cómo te vistes?** del libro de texto. (Por el momento no te preocupes por el **Vocabulario útil.**) Luego indica con qué parte del cuerpo (*body*) suele asociarse cada una de las siguientes prendas de ropa.

1. _____ la chaqueta
2. _____ las medias
3. _____ los zapatos
4. _____ el vestido
5. _____ los pantalones
6. _____ el traje
7. _____ la falda
8. _____ los calcetines
9. _____ el sombrero
10. _____ la corbata

a. la cabeza
b. las piernas (*legs*)
c. los pies (*feet*)
d. la parte superior del cuerpo
e. de la cintura para abajo (*from the waist down*)
f. el cuello (*neck*)
g. todo el cuerpo

Paso 2   Ahora, estudia las palabras y expresiones nuevas en el **Vocabulario útil** en el libro de texto. Luego indica si las oraciones son ciertas o falsas.

		CIERTO	FALSO
1.	El cuero es un producto sintético.	☐	☐
2.	El cuero se usa mucho para fabricar (*produce*) zapatos.	☐	☐
3.	El tacón es parte del zapato.	☐	☐
4.	Los tacones altos son recomendables para correr.	☐	☐
5.	Las camisetas suelen ser de algodón o de algodón mezclado (*mixed*) con otra fibra.	☐	☐
6.	No existen los zapatos de algodón.	☐	☐
7.	La lana es una tela que se hace con fibras vegetales.	☐	☐
8.	Las prendas hechas de lana se pueden lavar como las de otras fibras.	☐	☐
9.	La ropa de seda suele ser más cara que la de poliéster.	☐	☐
10.	La seda tiene su origen en China.	☐	☐

Actividad B   ¿A quién se describe?

Escucha cada descripción. Luego indica a qué persona se describe. Las respuestas se darán en el programa auditivo.

1. Se describe a...

   a. un estudiante que va a clase.

   b. una abogada que está en la corte.

   c. un psicoanalista durante una conferencia de la Asociación Internacional de Psicología.

2. Se describe a...

   a. una madre al despertarse por la mañana.

   b. una modelo que va a ser fotografiada para *Vogue*.

   c. una mujer que hace ejercicio aeróbico.

3. Se describe a...

   a. un ejecutivo de un banco en Nueva York.

   b. un terapeuta físico mientras atiende a un paciente.

   c. un maestro de primaria.

4. Se describe a...

   a. un dentista que está hablando con un paciente.

   b. una secretaria en horas de oficina.

   c. un bebé a la hora del desayuno.

5. Se describe a...

   a. una periodista que está entrevistando a un político.

   b. un estudiante durante la ceremonia de graduación.

   c. una atleta después de un partido.

*Actividad C   Una conversación

Paso 1   Escucha la conversación entre dos personas y luego contesta las siguientes preguntas sobre las ideas generales.

1. ¿Dónde estarán María y Raquel?

   a. en un centro comercial (*mall*)

   b. en la universidad

   c. en casa, hablando por teléfono

2. ¿Están contentas las dos mujeres?

   a. María está bien, pero Raquel está molesta.

   b. Raquel está bien, pero María está molesta.

Paso 2   Ahora vas a contestar unas preguntas específicas. Si necesitas escuchar el programa auditivo de nuevo, está bien.

1. ¿Qué necesita Raquel? _____

2. ¿Qué busca María? _____

3. ¿Qué le recomienda Raquel a María? Le recomienda que compre _____

   porque iría muy bien con _____.

Comunicación

Para entregar   ¿Qué te pones para... ?

Paso 1   Indica con qué frecuencia te pones cada prenda de ropa.

Para ir a clase...	SIEMPRE	CON FRECUENCIA	RARAS VECES	NUNCA
1. me pongo pantalones y camisa (blusa).	☐	☐	☐	☐
2. me pongo sudadera y camiseta.	☐	☐	☐	☐
3. me pongo chaqueta de cuero.	☐	☐	☐	☐
4. me pongo *bluejeans* y camisa, camiseta o blusa.	☐	☐	☐	☐
5. me pongo traje o vestido.	☐	☐	☐	☐
Para una cita (*date*)...				
6. me pongo pantalones y camisa.	☐	☐	☐	☐
7. me pongo sudadera y camiseta.	☐	☐	☐	☐
8. me pongo chaqueta de cuero.	☐	☐	☐	☐
9. me pongo *bluejeans* y camisa, camiseta o blusa.	☐	☐	☐	☐
10. me pongo traje o vestido.	☐	☐	☐	☐

Paso 2   ¿Qué prenda de ropa que te pones con frecuencia no está en la lista del **Paso 1?**

Me pongo _____ con frecuencia.

Paso 3   Convierte las oraciones del **Paso 1** en preguntas que le podrías hacer a un compañero (una compañera) de clase.

> MODELOS Para ir a clase, ¿con qué frecuencia te pones _____?
>
> Para una cita, ¿con qué frecuencia te pones _____?

Luego, llama por teléfono a esa persona y hazle las preguntas. O, haz una cita* con esa persona para hablar con él o ella. Anota sus respuestas.

---

*Recuerda que una cita no tiene que ser romántica. Una cita puede ser una reunión entre dos amigos o puede ser la hora particular en que tienes que ver a la profesora, a un pariente, etcétera.

Paso 4 En una hoja aparte, escribe diez oraciones en que comparas lo que te pones con lo que se pone la persona con quien hablaste en el **Paso 3.**

> MODELOS Para ir a clase, me pongo pantalones y camisa con frecuencia, pero Pablo no.
> Para ir a clase, nunca me pongo sudadera, ni tampoco Pablo.

Vocabulario esencial: ¿En tren o en auto? Talking About Trips and Traveling (I)

*Actividad D Asociaciones

Escucha la descripción y decide cuál de los términos se asocia más con el tema.

1. a. aeropuerto   b. cabina
2. a. demora   b. equipaje
3. a. marearse   b. hacer autostop
4. a. estación   b. asistente de vuelo
5. a. sacar fotos   b. pasaje
6. a. salida   b. llegada

Actividad E De viaje

Paso 1 Escucha la descripción del viaje de la señora López y rellena los espacios en blanco.

La señora López va de viaje. Va a visitar a sus nietos en San Diego. Cuando llega al _____,

le pide a un _____ que la ayude. Él coge su equipaje y la acompaña al mostrador de la

aerolínea. En el mostrador el _____ le pide su boleto. La señora López le explica que no

quiere ir en la _____. «Está bien», le dice el agente, devolviéndole su _____, y le

dirige a la puerta de _____. Cuando ella llega a la puerta del avión, la _____ le

pide el boleto y la ayuda a encontrar su asiento (*seat*). La señora López se acomoda y se prepara

para el despegue (*take-off*), pero el piloto dice que va a haber una corta _____. Mientras

esperan, la _____ pasa por la _____ ofreciéndoles revistas a los pasajeros.

*Paso 2 Completa las oraciones de acuerdo con lo que sabes del viaje.

1. La señora López viaja en _____
2. El agente le pide _____
3. La pasajera prefiere _____
4. La asistente de vuelo necesita _____
5. La asistente les ofrece _____

Actividad F Más Latinoamérica

Paso 1 Hay mucha competencia entre las compañías que vuelan a Latinoamérica. Lee el siguiente anuncio de Pan Am para ver qué le ofrecen al viajero.

Más Latinoamérica desde cualquier punto de vista.

Buenos Aires, Caracas, Guatemala, Guayaquil, Maracaibo, México, Montevideo, Panamá, Puerto Plata, Río de Janeiro, San José, Santiago, Santo Domingo, São Paulo.

Para ir a Latinoamérica, por negocios o por placer, no hay línea aérea que tenga más que ofrecerle que Pan Am.

Más ciudades latinoamericanas, con más aviones 747 que ninguna otra línea aérea.

Más vuelos sin escala. Desde Miami, Nueva York y Los Ángeles.

Más lujo. En nuestra primerísima Primera Clase. Con vinos selectos y deliciosas comidas. Además, comodísimos asientos Sleeperette® de cuero mullido y piel de oveja.

Más comfort. En nuestra incomparable Clase Clipper,® para todo el que viaja por negocio. Con elegantes asientos colocados sólo seis por fila, para una mayor amplitud al trabajar o descansar.

Y más. Como el WorldPass,® nuestro dinámico programa de bonificación por millaje para viajeros frecuentes, con valiosos premios como mejoras en la clase que vuela o boletos para viajar gratis.

Escoja su destino en Latinoamérica y deje que Pan Am le lleve.

¡No faltaba más!

*Paso 2 ¿Cierto o falso?

	CIERTO	FALSO
1. Ofrecen vuelos sin escala desde Nueva York.	☐	☐
2. Ofrecen espacio adicional a los que quieran trabajar durante el vuelo.	☐	☐
3. No ofrecen vuelos sin escala desde California.	☐	☐
4. Los niños vuelan gratis hasta los 16 años de edad.	☐	☐

*Paso 3 Menciona dos cosas suplementarias que ofrecen para:

1. los viajeros de primera clase

2. los viajeros frecuentes

_____   _____

_____   _____

*Paso 4 ¿Puedes emparejar las ciudades con sus países? Si no, busca la información en un mapa.

1. _____ Caracas
2. _____ Guayaquil
3. _____ Montevideo
4. _____ Río de Janeiro
5. _____ Santiago

a. Brasil
b. Chile
c. Ecuador
d. Uruguay
e. Venezuela

Vocabulario esencial: ¿Dónde nos quedamos? Talking About Trips and Traveling (II)

*Actividad G ¡Visítenos!

Escucha el anuncio publicitario para un hotel de lujo. Apunta algunos detalles de lo que escuchas. Si es necesario, escucha el anuncio más de una vez.

1. tipo(s) de habitación: _____

2. otras comodidades: _____

3. aspectos atractivos del sitio: _____

Actividad H Para confirmar las reservaciones

El señor Gómez habla con una agente de viajes. Quiere hacer las reservaciones para un viaje, pero la agente de viajes está muy distraída. No capta casi nada de lo que le dice el señor Gómez.

Paso 1 Primero, escucha lo que le dice el señor Gómez a la agente. Puedes tomar apuntes aquí.

_____

_____

_____

*Paso 2 Ahora, la agente repite lo que el señor Gómez le ha pedido, pero hay muchos errores. Corrige cada error cuando la agente pausa.

1. hotel: _____

2. cama: _____

3. baño: _____

4. pensión: _____

5. vista: _____

*Actividad I Un lugar para cada uno

Empareja cada persona con el alojamiento que mejor le corresponda.

a.   b.

c.   d.

1. ____ Se queda(n) en un hotel de lujo con todas las comodidades. Su habitación tiene una cama matrimonial y una televisión, y pide(n) servicio de habitaciones todas las noches.

2. ____ Se queda(n) en una pensión. Su cuarto tiene cama sencilla y comparte baño con la habitación vecina.

3. ____ Se queda(n) en un hotel de cuatro estrellas en una suite pequeña con sofá y escritorio. Le(s) parecen muy útiles los servicios de Fax y servicio de habitaciones.

4. ____ Se queda(n) en un hotel de cuatro estrellas con bar y restaurante muy buenos y divertidos. Pasa(n) mucho tiempo charlando en la piscina y las canchas de tenis.

Actividad J Un viaje a Puerto Vallarta

Paso 1 Lee el anuncio que aparece en la siguiente página para averiguar lo que incluye el Gran Plan.

*Paso 2 Cuando uno compra el Gran Plan, ¿cuáles de las siguientes cosas le quedan por hacer porque no van incluidas?

1. comprar boletos de avión para llegar a Puerto Vallarta

2. reservar una habitación en un hotel de lujo

3. consultar con un agente de viajes

4. comprar boletos de avión a México, D.F.

5. pagar más para llevar a sus hijos

*Paso 3 Siempre es importante comprender los detalles cuando uno compra un plan de vacaciones. En cuanto al Gran Plan,...

1. ¿cuál es mejor, un hotel de cinco estrellas o uno de gran turismo?

   _____

2. ¿cuánto se paga por dos huéspedes en un hotel de cinco estrellas?

   _____

3. ¿cuántos días dura el viaje?

   _____

4. ¿tienen vista al mar todas las habitaciones?

   _____

VACACIONES CON LA GARANTIA DE AEROMEXICO

PUERTO VALLARTA

**Gran Plan sólo se realiza en Hoteles Gran Turismo o Cinco Estrellas
y es el único programa vacacional en México
que le garantiza el cumplimiento de los servicios que incluye.**

Krystal Vallarta	Cinco Estrellas	$ 732.000*
Sheraton Buganvilias Resort Puerto Vallarta		
Camino Real Puerto Vallarta	Gran Turismo	$ 801.000*
Conrad Puerto Vallarta		
Fiesta Americana Puerto Vallarta		
Hyatt Coral Grand Puerto Vallarta		
Marriott Puerto Vallarta		
Meliá Puerto Vallarta		

Goce Puerto Vallarta al realizar un Gran Plan Turista:
- **Viaje redondo por Aeroméxico en Clase Turista.**
- **2 noches en Hoteles Gran Turismo o Cinco Estrellas.**
- **2.000 kilómetros a los miembros de Club Premier, Programa Viajero Frecuente de Aeroméxico.**
- **Renta de auto Hertz opcional.**
- **Tarifas especiales para niños.**
- **Habitación con vista al mar.****

Para reservaciones consulte a su Agente de Viajes o llame sin costo al 91-800-36-211, desde cualquier punto del país, y en Guadalajara al 69-02-05.
Pregunte por Gran Plan Clásico y Gran Plan de Lujo, dos opciones más para su diversión.
* Tarifas saliendo de México, D.F. Precios por persona en base a ocupación doble.
Vigentes del 1º de julio al 31 de agosto de 1992. No incluyen I.V.A. ni T.U.A.
** De acuerdo a la arquitectura y ubicación del hotel seleccionado.

aeromexico
La línea aérea más puntual del mundo.

Acapulco • Cancún • Guadalajara • Huatulco • Ixtapa • León • Manzanillo • Mazatlán • Mérida • México, D.F. • Oaxaca • Puerto Vallarta

TEBAN AM 232-92 MEX AEROVIAS DE MEXICO S.A. DE C.V.

Comunicación

Para entregar   ¿Adónde irías?

Paso 1   Si tuvieras (*If you had*) la oportunidad de viajar a un país donde se habla español, ¿adónde irías? Escoge un país y luego busca la siguiente información en un libro para turistas o en una agencia de viajes.

- costo de un vuelo al país
- mejor estación para ir y por qué
- tipo(s) de ropa que necesitas llevar (tomando en cuenta el tiempo y las actividades)
- costo de alojamiento (comodidades que van incluidos en el precio)

 Paso 2   Escribe un párrafo en que incluyas toda la información que encuentres. Tu profesor(a) puede leerle la información a la clase.

Vistazos

Las profesiones

Vocabulario esencial: ¿Qué profesión?

Talking About Professions

Actividad A   ¿Sí o no?

Paso 1   Basándote en los dibujos en las siguientes dos páginas, indica si cada oración es cierta o no.

		SÍ	NO
1.	Un chico piensa ser astrónomo.	☐	☐
2.	Una chica piensa ser médica.	☐	☐
3.	Ningún estudiante de la clase piensa ser veterinario.	☐	☐
4.	Un chico piensa ser terapeuta.	☐	☐
5.	Una chica piensa ser farmacéutica.	☐	☐
6.	Ninguno piensa ser ingeniero.	☐	☐
7.	Muchos no saben lo que quieren ser.	☐	☐

 Paso 2 Ahora, escucha el programa auditivo para verificar tus respuestas en el **Paso 1.**

 Paso 3 ¿Sí o no? Basándote en el dibujo, di si cada oración que escuchas es cierta o falsa.

    MODELO   (*oyes*) Nadie en la clase quiere dedicarse a la medicina. →
                 (*dices*) Falso.
                 (*oyes*) Falso. Por lo menos (*At least*) una chica quiere dedicarse a la medicina.

    1...   2...   3...   4...   5...

Paso 4 Contesta cada pregunta con el nombre de un(a) estudiante del dibujo.

    1.   ¿Quién piensa ser jugadora de tenis? _____

    2.   ¿Quién quiere ser músico? _____

    3.   ¿Quién piensa ser granjero? _____

    4.   ¿A quién le gustaría ser química? _____

    5.   ¿Quién piensa trabajar en la computación? _____

    6.   ¿A quién le gustaría ser enfermera? _____

 Paso 5 Ahora, escucha el programa auditivo para verificar tus respuestas en **Paso 4.**

Actividad B   Asociaciones

*Paso 1   ¿Qué definición de la columna A se relaciona con cada profesional de la columna B?

A

1. _____ la psicóloga
2. _____ el programador
3. _____ la contadora
4. _____ la abogada
5. _____ el veterinario
6. _____ la terapeuta física
7. _____ el maestro
8. _____ la farmacéutica
9. _____ el senador
10. _____ la periodista
11. _____ el astrónomo

B

a. diseñar sistemas para las computadoras
b. dar consejos sobre asuntos financieros
c. educar a los niños
d. escuchar y analizar los problemas de otra persona
e. informar al público sobre los acontecimientos (*events*) recientes
f. manejar asuntos legales
g. preparar medicamentos y surtir recetas (*to fill prescriptions*)
h. observar las estrellas
i. participar en debates políticos
j. rehabilitar a las personas con impedimentos físicos
k. curar animales

Paso 2 Con los pares que formaste en el **Paso 1,** haz oraciones usando uno de los modelos a continuación.

MODELOS   Uno de los trabajos principales de _____ es _____.

_____ tiene que _____ en su profesión.

1. _____
2. _____
3. _____
4. _____
5. _____
6. _____
7. _____
8. _____
9. _____
10. _____
11. _____

Actividad C   ¿Cierto o falso?

Escucha las siguientes oraciones sobre las diferentes profesiones y di si cada oración es cierta o falsa.

MODELO   (*oyes*) Un contador necesita saber mucha química. →
(*dices*) Falso.
(*oyes*) Es falso. Los contadores trabajan con números y cifras.

1...   2...   3...   4...   5...   6...

Actividad D   Más sobre las profesiones

Vas a escuchar algunas preguntas sobre las profesiones. Contesta según las alternativas dadas.

MODELO   (*oyes*) ¿Qué hace un arquitecto, diseña casas o toca la trompeta? →
(*dices*) Diseña casas.
(*oyes*) Los arquitectos diseñan casas.

1...   2...   3...   4...   5...

*Actividad E   ¿Qué profesión se describe?

Escucha las siguientes descripciones y escribe en el espacio correspondiente el nombre de cada campo descrito.

1. _____   4. _____
2. _____   5. _____
3. _____

Vocabulario esencial: ¿Qué características y habilidades se necesitan?

Talking About Traits Needed
for Particular Professions

Actividad F   Cualidades y habilidades recomendables

Paso 1   A continuación hay una lista de varias cualidades que son recomendables para ejercer ciertas profesiones. Escoge las dos cualidades más deseables para cada profesión y escríbelas en los espacios en blanco. (Hay cualidades que pueden aplicarse a más de una profesión.)

saber escuchar	ser carismático/a	ser organizado/a
saber expresarse claramente	ser compasivo/a	ser paciente
saber mandar	ser físicamente fuerte	tener don de gentes
saber usar una computadora	ser honesto/a	tener habilidad manual

1. el atleta   a. _____

                     b. _____

2. el médico   a. _____

                     b. _____

3. la contadora   a. _____

                     b. _____

4. el senador   a. _____

                     b. _____

5. el maestro   a. _____

                     b. _____

6. la ingeniera   a. _____

                     b. _____

Paso 2   ¿Hay semejanzas y diferencias entre estas profesiones respecto a las cualidades y habilidades más deseables? Según las cualidades y habilidades que escogiste para cada profesión en el **Paso 1,** ¿qué profesiones tienen más en común?

_____

_____

_____

Paso 3   En la próxima clase, compara tus respuestas con las de tus compañeros. ¿Son parecidas? ¿diferentes?

Actividad G   ¿Y con respecto a tus profesores?

Paso 1   En tu opinión, ¿cuáles son las características y habilidades más importantes para ser profesor(a)? Pon las siguientes cualidades en orden de mayor importancia a menor importancia.

_____ ser honesto/a   _____ ser paciente

_____ ser organizado/a   _____ ser íntegro/a

_____ ser carismático/a   _____ pensar de una manera directa

_____ tener don de gentes   _____ ser listo/a

Paso 2 Si tienes tiempo en la próxima clase, compara tu lista con las de tus compañeros. ¿Coinciden en sus opiniones?

Actividad H Profesiones y habilidades

Paso 1 Indica cuáles de las tres habilidades mencionadas son recomendables para cada uno de estos profesionales.

1. la profesora

   ☐ tener habilidad manual   ☐ saber expresarse claramente   ☐ saber escuchar

2. la contadora

   ☐ saber usar una computadora   ☐ hablar otro idioma   ☐ saber dibujar

3. el pintor

   ☐ saber escribir bien   ☐ tener habilidad manual   ☐ saber dibujar

4. el senador

   ☐ saber expresarse claramente   ☐ hablar otro idioma   ☐ saber escribir bien

5. la directora

   ☐ saber mandar   ☐ saber usar una computadora   ☐ saber expresarse bien

Paso 2 De acuerdo con lo que indicaste en el **Paso 1,** haz oraciones para cada profesión siguiendo el modelo a continuación.

MODELO En mi opinión, para ser _____ es importante _____.

1. _____

2. _____

3. _____

4. _____

5. _____

Comunicación

Para entregar ¿Tienes lo necesario?

Paso 1 En las **Actividades F, G** y **H,** identificaste las cualidades y habilidades que una persona debe tener para tener éxito en su profesión u ocupación. Ahora piensa en tus propias cualidades y habilidades. Indica cuáles habilidades se te apliquen a ti.

☐ Pienso de una manera directa.   ☐ Soy físicamente fuerte.

☐ Sé escuchar.   ☐ Soy íntegro/a.

☐ Sé expresarme claramente.   ☐ Soy listo/a.

☐ Sé mandar.   ☐ Soy organizado/a.

☐ Sé usar una computadora.   ☐ Soy paciente.

☐ Soy carismático/a.   ☐ Tengo don de gentes.

☐ Soy compasivo/a.   ☐ Tengo habilidad manual.

Paso 2 Usando tus respuestas del **Paso 1** como punto de partida, escribe un párrafo de seis o siete frases identificando tus puntos fuertes y débiles. Puedes usar el párrafo a continuación como modelo.

MODELO   Creo que yo _____. También _____ y _____. Pero hay que ser honesto/a. Yo no _____ ni tampoco _____.

Vistazos
Las posibilidades y probabilidades del futuro

Gramática esencial: ¿Cómo será nuestra vida?

Introduction to the Simple Future Tense

*Actividad A   Asociaciones

Listen as the speaker makes a statement. Write that statement in the blank. After you have written all the statements, go back and choose from the list below the person whose future is most logically described by the statement. ¡OJO! In some cases, more than one person may be a possibility.

a.   José Blanco, que quiere ser veterinario
b.   María González, que quiere ser periodista
c.   Alejandra Iturribe, que quiere ser psiquiatra
d.   Martín Iglesias, que quiere ser astrónomo

¿QUIÉN(ES)?

1.   _____   _____

2.   _____   _____

3.   _____   _____

4.   _____   _____

5.   _____   _____

6.   _____   _____

7.   _____   _____

8.   _____   _____

9.   _____   _____

Actividad B   Otra persona y yo

Paso 1 Indicate what you think you will do in the future.

☐ Me graduaré antes de tiempo.

☐ Viviré en este estado.

☐ Me casaré y tendré varios hijos.

☐ Haré un viaje a Latinoamérica.

☐ Trabajaré en una oficina.

☐ Me jubilaré antes de los 65 años.

Paso 2   Now listen to the speaker make statements about himself. Of the events in **Paso 1,** which does he say that he will do? You may wish to take some notes here.

_____

_____

_____

_____

Paso 3   Indicate which of the following apply to both you and the speaker you listened to in **Paso 2.**

Los dos...

☐ nos graduaremos antes de tiempo.

☐ haremos un viaje a Latinoamérica.

☐ viviremos en este estado.

☐ trabajaremos en una oficina.

☐ no nos casaremos ni tendremos hijos.

☐ nos jubilaremos antes de los 65 años.

Actividad C   Una conversación

Paso 1   Listen to the conversation between two people, Ana and Rogelio. You may listen more than once if you want.

*Paso 2   Of the two people, who might say the following as the conversation continues?

		ANA	ROGELIO
1.	«Comenzaré en una semana.»	☐	☐
2.	«Vamos a celebrar la noticia. Iremos a cenar en un restaurante especial.»	☐	☐
3.	«No te preocupes si tienes que trabajar algunas horas más cada día. Todo saldrá bien.»	☐	☐
4.	«Tendré más responsabilidades, pero no me molesta.»	☐	☐

Paso 3   Listen to the last line of the conversation once again. Based on what Ana says, what do you think the relationship is between her and Rogelio?

☐ Son hermanos.   ☐ Son esposos.   ☐ Son amigos.   ☐ Son jefe y empleada.

Actividad D   Unas preguntas

Paso 1   Read the following questions.

a.   ¿Buscarás empleo en seguida?

b.   ¿Cuándo terminarás tus estudios aquí?

c.   ¿Te quedarás en San Antonio?

d.   ¿En qué trabajarás?

Paso 2   Insert the questions from **Paso 1** in the appropriate places in the following conversation.

ÁNGELA: Mira, Miguel, tengo que hacer una tarea para mi clase de español. ¿Me puedes contestar

algunas preguntas?

MIGUEL: Si quieres.

ÁNGELA: Gracias. _____

MIGUEL: En un año y medio.

ÁNGELA: _____

MIGUEL: ¡Claro! Para eso estudié, ¿no?

ÁNGELA: _____

MIGUEL: Me gustaría diseñar programas nuevos para las Macintosh.

ÁNGELA: _____

MIGUEL: No lo creo. Probablemente volveré a Houston.

ÁNGELA: Gracias. ¡Eso es todo!

Paso 3   Listen to the audio program to check your answers.

Gramática esencial: ¿Es probable? ¿Es posible?

The Subjunctive with Expressions of Uncertainty

Actividad E   Los sueños del futuro
Listen to the conversation and check off the most likely conclusion.

1.   ☐ Estoy seguro/a de que las dos muchachas son hermanas.

☐ Dudo que las dos muchachas sean hermanas.

2.   ☐ Creo que irán a la luna algún día.

☐ Es poco probable que vayan a la luna algún día.

3.   ☐ Es cierto que estudian mucho.

☐ Es dudoso que estudien mucho.

4.   ☐ Sé que pueden hacer carrera y tener familias.

☐ Es posible que puedan hacer carrera y tener familias.

5.   ☐ Creo que duermen bien.

☐ No creo que duerman bien.

Actividad F   Una conversación con dudas
Paso 1   Listen as two men have a brief conversation before being interrupted by someone.

*Paso 2   Which of the following expresses the main idea of the conversation you heard?

a.   Hablan de la promoción de uno de ellos.

b.   Hablan de la promoción de otra persona.

*Paso 3   According to what you heard, make the best selection to answer each question. Listen again if you need to.

1.   ¿Quién duda qué?

a.   Roberto duda que Toño sea apropiado para el puesto.

b.   Jorge duda que Toño sea apropiado para el puesto.

c.   Los dos dudan que Toña sea apropiado para el puesto.

2. ¿Qué duda Jorge específicamente?

a. Duda que Toño tenga la personalidad para ser director.

b. Duda que Toño tenga la capacidad para ser director.

Actividad G La clase de español

Paso 1 Using **Me parece** and **No me parece**, practice making observations orally about your Spanish class. Be sure to invent a final observation in each of the blank lines at the bottom of the lists.

Me parece que...   No me parece que...

□ hay demasiado (*too much*) trabajo.   □ haya demasiado trabajo.

□ mis compañeros siempre están preparados.   □ mis compañeros siempre estén preparados.

□ todas las lecturas son interesantes.   □ todas las lecturas sean interesantes.

□ el español debe ser requisito para todos.   □ el español deba ser requisito para todos.

□ voy a sacar una buena nota en la clase.   □ vaya a sacar una buena nota en la clase.

□ el profesor (la profesora) nos conoce bien.   □ el profesor (la profesora) nos conozca bien.

_____   _____

Paso 2 Call someone from your class and read your statements. Then listen to his or her statements. Are you in general agreement?

Actividad H Posibilidades personales

Paso 1 For each set of circumstances listed, select one element each from the left and right columns to make a statement that's true for you. Remember that any kind of affirmation (strong or weak) will call for the indicative in the embedded clause. Any lack of affirmation will call for the subjunctive.

1. □ Creo que...   □ me graduaré con honores.

    □ Dudo que...   □ me gradúe con honores.

2. □ Me parece cierto que...   □ mis amigos actuales sean mis amigos en el futuro.

    □ No me parece cierto que...   □ mis amigos actuales serán mis amigos en el futuro.

3. □ Es seguro que...   □ encuentre un puesto al graduarme.

    □ Es poco probable que...   □ encontraré un puesto al graduarme.

4. □ Es cierto que...   □ estudiaré más español en el futuro.

    □ Dudo que...   □ estudie más español en el futuro.

5. □ Me parece que...   □ tenga una casa grande y moderna en diez años.

    □ No creo que...   □ tendré una casa grande y moderna en diez años.

Paso 2 Write sentences about each of the following topics. Remember to use indicative or subjunctive as appropriate.

1. hablar español en mi profesión _____

    _____

2. estar casado/a dentro de cinco años _____

    _____

3. vivir en este estado dentro de diez años _____

_____

4. sacar una A en esta clase _____

_____

Comunicación

 Para entregar   Más sobre la clase de español

Using the two lists from the previous activity, write a short composition in which you make your observations about the class. Here are some suggestions for making your composition a good one.

1. To add variety, you may want to replace **Me parece que...** and **No me parece que...** at certain points with expressions that perform the same functions: **Es cierto que... No es cierto que... ; Creo que... No creo que... ;** and so forth.
2. Remember to use connector words to make your paragraph flow. Some connector words you might consider are **también, tampoco, en cambio,** and **sin embargo.**
3. Think about how you will order the information: Will you use affirmations first, followed by nonaffirmations, or nonaffirmations first, or a mixture of affirmations and nonaffirmations depending on the flow?
4. When you finish writing, edit your composition for the correct use of the subjunctive.

Feel free to make minor adjustments in the statements taken from the previous activity. (Note: You may want to leave out any comments about your instructor unless they are all affirmations of good work!)

Prueba de práctica

En esta lección

- aprendiste vocabulario relacionado con la ropa y los viajes
- repasaste el condicional, hablando de lo que harías y no harías en situaciones hipotéticas
- hablaste de tus preferencias en cuanto a los diferentes aspectos de viajar y pensaste en quién podría acompañarte en un viaje largo
- aprendiste vocabulario relacionado con las profesiones y ocupaciones
- hablaste de las cualidades y habilidades necesarias para ejercer ciertas profesiones u ocupaciones
- hiciste recomendaciones profesionales para un compañero (una compañera)
- aprendiste a formar el futuro de los verbos
- aprendiste un uso del subjuntivo

A. ***Paso 1** Indica a quién se refiere cada una de las siguientes descripciones.

1. _____ Resulta muy exagerado vestirse para un baile vaquero (*cowboy*) con ese sombrero, esa camisa y esos pantalones de cuero.

2. _____ Queda mejor escoger un toque (*touch*) vaquero, como por ejemplo la corbata.

3. _____ El vestido de esa señorita, con su diseño simple, se ve muy profesional.

4. _____ Lástima que su amiga no tenga el mismo gusto. Su falda muy corta, la camiseta y los tacones demasiado altos no se ven bien en el mundo del trabajo.

a.

b.

c.

d.

Paso 2 Usando las descripciones del **Paso 1** como modelo, haz un contraste entre estos dos estudiantes.

a.

b.

_____

_____

_____

_____

B. En la clase entrevistaste a un compañero (una compañera) sobre varios factores para averiguar si podrían viajar juntos.

Paso 1 Escribe las tres preguntas sobre las preferencias en los varios aspectos de los viajes que te parezcan más importantes.

transporte: _____

hotel: _____

otro: _____

Paso 2   Escribe las respuestas que considerarías ideales para las tres preguntas.

1. _____

2. _____

3. _____

Paso 3   Llama a un amigo (una amiga) y pídele las respuestas a las preguntas. (No debe ser la misma persona que entrevistaste en clase.) Escribe sus respuestas aquí.

1. _____

2. _____

3. _____

Paso 4   Escribe tres oraciones comparando las respuestas de tu amigo/a con tus respuestas ideales.

1. _____

2. _____

3. _____

*C.   Paso 1   Escribe una breve definición para cada palabra.

1. granjero _____

2. periodista _____

3. gerente _____

Paso 2   Completa las oraciones con la profesión u ocupación que se describe.

1. En el campo de la computación, el/la _____ escribe «software», y el/la

   _____ se encarga del «hardware».

2. Cuando el doctor te da una receta, es el/la _____ que te da la medicina en la

   farmacia.

3. En las ciencias, el/la _____ estudia los seres vivos, el/la _____ estudia el

   movimiento y el/la _____ estudia los elementos.

D.   *Paso 1   A continuación hay parte de la entrevista que le hace la jefa de una oficina a un aspirante a un puesto. A ti te toca escribir en los espacios en blanco las preguntas que se le están haciendo a la persona entrevistada, y luego, basándote en la conversación, indicar la ocupación que el aspirante solicita.

JEFA: Bueno, señor García, siéntese.

ASPIRANTE: Gracias.

JEFA: Quisiera saber algo sobre sus intereses y habilidades. Ud. sabe que para el puesto que

   solicita se busca una persona dinámica, ¿no?

ASPIRANTE: Sí, sí, entiendo. Yo soy así.

JEFA: Muy bien. Pues, para este trabajo es necesario viajar mucho. Ser bilingüe es una gran

   ventaja. ¿_____?[1]

ASPIRANTE: Sí, hablo inglés, francés y un poco de alemán.

JEFA: Excelente. Bueno, sigamos. Ya tengo copias de sus recomendaciones. Pero dígame, en su opinión, ¿_____?[2]

ASPIRANTE: Yo creo que sí, y creo que mi trabajo refleja mi habilidad. Escribo de forma muy organizada pero a la vez siempre le doy a mi trabajo una nota personal. Les resulta mucho más interesante a los lectores.

JEFA: ¿Así que Ud. cree que _____?[3]

ASPIRANTE: Absolutamente. La claridad es una característica esencial de una persona en nuestra profesión.

JEFA: Bueno, señor García, por el momento no tengo más preguntas. ¿Desea Ud. preguntarme algo a mí?

*Paso 2 Ahora, de las cuatro profesiones a continuación, escoge la que solicita la persona entrevistada.

☐ terapeuta   ☐ periodista   ☐ arquitecto   ☐ farmacéutico

Paso 3 Habla por teléfono con un compañero (una compañera) de clase. ¿Tienen Uds. las mismas preguntas? ¿Escogieron la misma profesión en el Paso 2?

E. De varias maneras has explorado las habilidades y cualidades que se necesitan para ejercer ciertas profesiones y ocupaciones. Has dicho qué profesiones prefieres y cuáles recomiendas para un compañero (una compañera). Ahora vas a aplicar esas ideas a la «profesión» de ser madre o padre.

Paso 1 Indica la importancia de cada habilidad y cualidad según la siguiente escala.

4-Es muy importante.   3-Es importante.   2-No es tan importante.   1-No tiene ninguna importancia.

_____ Ser compasivo/a.	_____ Saber dibujar.
_____ Ser emprendedor(a).	_____ Saber escuchar.
_____ Ser físicamente fuerte.	_____ Saber expresarse claramente.
_____ Ser honesto/a.	_____ Saber mandar.
_____ Ser íntegro/a.	_____ Tener habilidad para trabajar con las manos.
_____ Ser listo/a.	_____ Tener don de gentes.
_____ Ser organizado/a.	_____ _____
_____ Ser paciente.	_____ _____

Paso 2 Basándote en las respuestas en el Paso 1, escoge las cinco habilidades o cualidades más importantes y organízalas en un anuncio del tipo que se usa para anunciar puestos. Debe ser de menos de 75 palabras.

Puedes comenzar con: Se busca candidato/a para el puesto de madre/padre.

_____

_____

_____

_____

_____

_____

_____

_____

_____

_____

_____

_____

F.   Paso 1   En una hoja aparte, escribe por lo menos tres predicciones, usando el futuro, para la televisión del año 2020. Puedes usar uno de los temas a continuación si quieres.

> MODELO   Habrá (*There will be*) más programas para niños en el año 2020.

la cantidad de anuncios   los tipos de programa
el número de estaciones de televisión por cable   la calidad en general
la violencia   tu propio horario de ver la televisión

Paso 2   Habla con un compañero (una compañera) de clase. Cada uno debe leer sus propias oraciones. ¿Hicieron predicciones parecidas o diferentes?

Paso 3   Escribe un párrafo de 40 a 60 palabras, explicando las diferencias y semejanzas entre tus predicciones y las de tu compañero/a.

G.   Paso 1   Piensa en las diversiones que tenemos ahora y haz una lista de cinco cosas que hace la gente en su tiempo libre.

> MODELO   Mira los deportes profesionales.

Paso 2   Escribe una predicción relacionada con cada una de las diversiones que nombraste.

> MODELO   Es poco probable que entradas para los juegos profesionales cuesten menos en el futuro.

Dudo que _____.

Creo que _____.

Es posible que _____.

Estoy seguro/a que _____.

No me parece que _____.

Paso 3   Llama a un compañero (una compañera) de clase para ver si está de acuerdo con tus opiniones.

Una nota de los autores

Estimado/a estudiante,

Los autores del libro de texto y del manual de *Vistazos* esperamos que hayas disfrutado (*enjoyed*) mucho de estas lecciones. Ha sido un placer para nosotros hacer este trabajo para ti. Si te ha gustado la clase de español, quedaremos contentos, y si además, crees que has aprendido mucho, ¡quedaremos aun más contentos! Ojalá (*We hope that*) todos tus deseos y sueños se realicen y tengas éxito (*success*) en el futuro, tanto en tu vida personal como en tu profesión.

Saludos de

    Bill VanPatten
    William R. Glass
    Donna Deans Binkowski
    James F. Lee
    Terry L. Ballman

Answer Key

Vistazos: ¿Quién eres?

Actividad B 1. c 2. a 3. a **Actividad C** 1. f 2. g 3. b 4. d 5. c 6. e 7. a **Actividad D**
1. cierto 2. falso 3. falso 4. cierto **Actividad E** 1. b 2. a 3. a 4. b 5. b **Actividad F**
1. él *or* Ud. 2. tú 3. ellos/ellas *or* Uds. 4. vosotros/as 5. yo **Actividad G** 1. possession
2. occupation 3. inherent quality 4. origin 5. occupation 6. possession

Vistazos: Las carreras y las materias

Actividad B 1. c 2. a 3. c 4. b 5. b 6. a 7. c **Actividad C** 1. d 2. f 3. c 4. g 5. j 6. b
7. h 8. e 9. a 10. i **Actividad E** ANA: Le gustan las ciencias naturales, la física. No le gusta la
sociología. SILVIA: Le gustan las ciencias sociales, la sociología. JOAQUÍN: Le gustan las ciencias
naturales, las ciencias sociales, la astronomía, la sociología. **Actividad F** 1. gusta 2. gusta
3. gustan 4. gustan 5. gusta 6. gusta 7. gusta 8. gusta 9. gustan 10. gustan **Actividad G**
a. 3 b. 4 c. 1 d. 2 **Actividad H** 1. Antonio hace la carrera de ciencias sociales. 2. Raquel hace
la carrera de ciencias naturales. 3. No, Antonio no estudia biología. 4. Sí, Raquel estudia química.
5. Antonio estudia antropología. **Actividad I** 1. ¿Qué estudias, Pablo? (*or* ¿Qué carrera haces,
Pablo?) 2. ¿Qué lenguas estudias? (*or* ¿Qué materias estudias?) 3. ¿Estudias español?

Vistazos: Más sobre las clases

Actividad B 1. a 2. c 3. b 4. c 5. d 6. a **Actividad C** **Paso 1** 1. Mario, quince créditos
2. Silvia, diez créditos 3. Anita, catorce créditos 4. Miguel, diecisiete créditos 5. Gloria, doce créditos
6. Olga, trece créditos **Actividad D** 1. once 2. dieciocho 3. veintiséis 4. treinta 5. veintitrés
6. ocho 7. veintinueve 8. veintisiete

Pronunciación: ¿Cómo se deletrea... ?

Actividad B 1. Buenos Aires 2. Santiago 3. Zamora 4. San Juan 5. Lima 6. Xochimilco
7. Amarillo **Actividad C** 1. David 2. Esteban 3. Horacio 4. Alfonso 5. Gregorio 6. Manuel

Prueba de práctica

B. **Paso 1** 1. gustan 2. gusta 3. gusta 4. gustan 5. gustan 6.–8. *Answers will vary but may include:*
la astronomía, las matemáticas, la física. **C.** **Paso 1** 1. c 2. d 3. b 4. a 5. e

Vistazos: La vida de todos los días

Actividad B 1. g 2. c 3. a 4. b 5. d 6. f 7. e 8. h **Actividad D** 1. por la tarde 2. por la
mañana 3. por la noche 4. por la tarde 5. por la mañana 6. por la noche 7. por la noche
Actividad H 1. María (se levanta con dificultad / se levanta sin dificultad) si es muy temprano.
2. María siempre (hace ejercicio / desayuna café) para comenzar su día. 3. (Almuerza / Duerme) entre
las clases. 4. En la biblioteca (estudia / habla con los amigos). 5. Después de las clases, (tiene que
estudiar / tiene que trabajar). 6. Por la noche, (se acuesta / escribe la tarea) después de mirar el
programa de David Letterman.

Vistazos: Durante la semana

Actividad A a. 3 b. 5 c. 1 d. 4 e. 7 f. 6 g. 2 h. 8 **Actividad D** 1. improbable
2. improbable 3. improbable **Actividad G** 1. c 2. b 3. a 4. a 5. b 6. c

Vistazos: Más sobre las rutinas

Actividad A   1. las seis y media   2. las siete   3. las siete y veinticinco   4. las diez menos cuarto
5. la una   6. las cinco y media   7. las ocho   **Actividad B**   1. Katrina   2. Rodolfo   3. Katrina   4. los
lunes, miércoles y viernes   **Actividad D**   1. ¿Estudias por la mañana, por la tarde o por la noche?
2. ¿Haces ejercicio los días de trabajo o los fines de semana?   3. ¿Te levantas temprano o tarde los fines
de semana?   4. ¿Prefieres leer un libro o mirar la televisión para descansar?   5. ¿Haces tarea para todas
las clases?   6. ¿Te gusta cenar en casa, en un restaurante o en la cafetería?   7. ¿Generalmente te acuestas
temprano o tarde los días de trabajo?   8. ¿Vas a la universidad en autobús o en carro?   9. ¿Te gusta
escuchar música cuando estudias?   10. ¿Tienes que asistir a clase todos los días?   **Actividad E**
1. ¿A qué hora se levanta Ud.?   2. ¿A qué hora desayuna Ud.?   3. ¿Qué días de la semana va Ud. a la
universidad?   4. ¿Cuándo trabaja Ud. en su oficina?   5. ¿A qué hora vuelve Ud. a casa?
Actividad G   1. no   2. no   3. los sábados y domingos   4. salir con sus amigos

Prueba de práctica

A.   1. e   2. d   3. a   4. h   5. f   6. b   7. c   8. g   **B.   Paso 1**   1. por la tarde   2. por la mañana
3. por la noche   4. por la tarde   5. por la mañana   6. por la noche   7. por la noche

LECCIÓN 2

Vistazos: Actividades para el fin de semana

Actividad A   1. sábados   2. no se menciona   3. sábados   4. domingos   5. no se menciona   6. sábados
7. domingos   8. no se menciona   9. domingos   10. sábados   11. domingos   **Actividad B**   1. c   2. f
3. g   4. a   5. b   6. d   7. e   8. h   **Actividad C**   *Possible answers:*   1. lavar la ropa   2. sacar vídeos
3. dar un paseo   4. correr   5. limpiar la casa   6. ir de compras   7. no hacer nada   **Actividad D**
1. b   2. d   3. a   4. e   5. c

Vistazos: Las otras personas

Actividad A   1. Dan un paseo en el parque.   2. Se quedan en casa para mirar la televisión.   3. Van a
Blockbuster y sacan un vídeo.   4. Se levantan tarde y no hacen nada.   5. Hacen un picnic y charlan con
sus amigos.   6. Juegan al fútbol.   7. Van al cine y cenan en un restaurante.   8. Prefieren lavar el carro y
limpiar la casa.   9. Visitan a sus amigos.   10. Van a la iglesia.   **Actividad B**   1. anatomía   2. dos
3. seis   4. viernes   5. lava, limpia   6. sábados   7. cine   **Actividad C**   1. van   2. cenan
3. almuerzan   4. van   5. asisten   6. Se acuestan   7. dan   8. charlan   9. toman   10. juegan
Actividad D   Pasos 1 y 2   1. Nos levantamos a las seis de la mañana.   2. Y estamos en la oficina a las
ocho.   3. Almorzamos a la una.   4. Trabajamos hasta las cinco.   5. Charlamos con unos amigos después
de trabajar.   6. También cenamos en un restaurante italiano.   7. Regresamos a casa bastante temprano.
8. Miramos las noticias en la televisión.   9. Nos acostamos temprano, a las once.   10. Porque mañana
tenemos que trabajar.   **Actividad E**   1. Sí, (No, no) tenemos que levantar la mano...   2. Sí, (No, no)
hacemos muchas actividades...   3. Sí, (No, no) escribimos muchas composiciones...   4. Sí, (No, no)
escuchamos música latina...   5. Sí, (No, no) hablamos únicamente...   6. Sí, (No, no) podemos usar
libros...   7. Sí, (No, no) siempre nos quedamos... *or* A veces nos vamos a otro lugar.   **Actividad F**
Paso 1   1. le   2. le   3. les   4. le   5. les   6. les   **Paso 2**   1. gusta   2. gustan   3. gusta   4. gusta
5. gustan   6. gusta   **Actividad H   Paso 1**   1. A nosotros no nos gusta estudiar.   2. Tampoco nos
gustan las clases que tenemos.   3. Y no nos gusta la comida de la cafetería.   4. No nos gusta el *jazz.*
5. Y no nos gusta hacer ejercicio.   6. No nos gusta limpiar la casa.   7. Tampoco nos gusta ir de compras.
8. Y no nos gusta levantarnos temprano los sábados.

Vistazos: El tiempo y las estaciones

Actividad A   1. c   2. b   3. c   4. a   5. b   **Actividad C**   a. 4   b. 3   c. 2   d. 5   e. 1   **Actividad D**
a. otoño   b. primavera   c. verano   d. primavera   e. invierno   **Actividad E**   1. b   2. c   3. b   4. c
5. a   **Actividad F**   1. Hace frío y está nevando.   2. probable   3. Está en el hemisferio sur.

Prueba de práctica

A.   1. c   2. b   3. c   4. a   5. b   6. a   7. b   **B.**   1. llueve   2. hace calor   3. hace frío   4. junio
5. julio   6. invierno   7. nieva   8. diciembre   9. enero   10. verano

Vistazos: Ayer y anoche (I)

Actividad A **Paso 1** 1. d 2. h 3. a 4. c 5. b 6. g 7. f 8. e **Paso 2** *Possible order:* 5, 3, 4, 2, 1, 7, 6, 8 **Actividad B** 1. no 2. sí 3. sí 4. no 5. no 6. sí **Actividad C** 1. pretérito 2. presente 3. pretérito 4. pretérito 5. presente 6. presente 7. pretérito 8. presente 9. pretérito 10. presente 11. presente 12. pretérito **Actividad D** **Paso 1** 1. Esta persona salió a almorzar con dos amigas a las 12.00. 2. Volvió al trabajo a la 1.30. 3. Cuando llegó, leyó sus mensajes. 4. Luego escribió una carta importante y firmó un contrato en su oficina. 5. A las 4.00 habló por teléfono con un cliente en Europa. **Paso 2** a la presidenta de una compañía **Actividad E** 1. ¿Qué desayunó Ud.? 2. ¿Trabajó ayer? 3. ¿Almorzó? 4. ¿Cuándo cenó? 5. ¿Qué hizo por la noche? 6. ¿A qué hora se acostó? **Actividad F** 1. él/ella 2. yo 3. él/ella 4. yo 5. yo 6. él/ella 7. yo 8. yo 9. él/ella 10. yo **Actividad H** 1. b 2. a 3. b 4. a 5. c 6. b 7. c 8. a 9. c 10. a **Actividad I** 1. b 2. a 3. a 4. b 5. a 6. a

Vistazos: Ayer y anoche (II)

Actividad B 1. There is not social distance. 2. There is social distance. 3. There is social distance. 4. There is not social distance. 5. There is not social distance. 6. There is social distance. 7. There is social distance. **Actividad D** 1. b 2. e 3. a 4. d 5. g 6. f 7. c **Actividad E** 1. a 2. a 3. a 4. a 5. b 6. a **Actividad F** 1. c 2. b 3. a 4. d 5. f 6. g 7. e 8. h **Actividad G** 1. cierto 2. falso 3. falso 4. cierto

Prueba de práctica

A. (*Some answers may vary.*) 1. el periódico, la novela 2. la tarea, las composiciones 3. el concierto, la clase 4. la cama, la noche 5. la televisión, el vídeo 6. la cuenta, la matrícula 7. la cena, la comida

Vistazos: La familia nuclear

Actividad A 1. Pablo 2. Rebeca 3. Ángela, 18 4. 18 5. Marcos, 15 6. Lorena **Actividad B** 1. hermano 2. gemelas, hermanas 3. esposa, mujer 4. padre 5. hijos 6. madre **Actividad D** **Paso 1** 1. sus 2. Su 3. Sus 4. Su 5. Su 6. sus **Paso 2** 1. falso 2. falso 3. cierto 4. falso 5. cierto 6. falso **Actividad E** 1. b 2. c 3. b 4. a 5. b 6. b **Actividad F** **Paso 1** 1. ¿Cómo se llama Ud.? 2. ¿Cuántos años tiene? 3. ¿Dónde estudió? 4. ¿Dónde vive? 5. ¿Qué le gusta hacer en su tiempo libre? 6. ¿Qué cualidades admira? **Paso 2** computer dating–service person

Vistazos: La familia «extendida»

Actividad A **Paso 2** 1. Es su tía. 2. Es su primo. 3. Era su primo. 4. Es su tía. 5. Era su tío. 6. Son primos. 7. Era su padre. **Actividad B** 1. c 2. b 3. a 4. b 5. a **Actividad C** **Paso 2** (*Answers will vary.*) 1. Se llama Guillermo Trujillo y vive en San José, California. 2. Los padres se llaman Gloria y Roberto. Su padrastro se llama José. No tiene madrastra. 3. No. Los abuelos están muertos todos. 4. Es grande. Tiene doce tíos maternos y diez tíos paternos. Si incluye a los esposos y esposas, tiene más de treinta. 5. Tiene como 55 primos maternos. No sabe cuántos primos paternos tiene. No tiene contacto con ellos. **Actividad D** 1. b 2. a 3. c 4. g 5. f 6. e 7. d **Actividad E** 1. c 2. b 3. c **Actividad F** 1. Jorge es el marido de Claudia. 2. Anita es la tía de Óscar, Marta y Claudia. 3. Beatriz es la madrastra de Luis y Catalina. 4. Marta y Claudia son las nietas de Ana, Mario, Dolores y Martín. 5. Carlos y Jorgito son los hermanos de Cristina. 6. Jaime es el abuelo materno de Jorgito, Cristina y Carlos. 7. Luis es el hermano de Catalina. 8. Ana es la suegra de Catalina. 9. Jorge es el cuñado de Marta y Óscar. 10. Óscar y Marta son los sobrinos de Luis.

Vistazos: Mis relaciones con la familia

Actividad A Woman answers: 1. a 2. b 3. b Man answers: 1. b 2. a 3. a **Actividad B** **Paso 2** 1. ¿Te quiere(n)? 2. ¿Te adora(n)? 3. ¿Te llama(n) con frecuencia? 4. ¿Te escucha(n)? 5. ¿Te da(n) consejos? 6. ¿Te conoce(n) más que nadie? 7. ¿Te… ? **Actividad C** 1. Rita 2. Rita 3. Patricia 4. Patricia **Actividad D** 1. a 2. a 3. b 4. b 5. a **Actividad E** 1. La persona la respeta mucho.   2. La persona lo admira mucho.   3. La persona los respeta mucho.   4. La persona los aprecia mucho.   5. La persona lo llama por teléfono con mucha frecuencia.   6. La persona lo quiere mucho.   7. La persona la detesta por completo.   **Actividad F**   1. a   2. a   3. a   4. b   5. b **Actividad G   Paso 1**   1. c   2. c   3. a   4. b   **Paso 2**   2. siempre los visito (Los *refers to* los abuelos.) 3. no los usa (Los *refers to* poderes.)   4. debe usarlos (Los *refers to* poderes.)   5. la admiramos (La *refers to* la abuela.)   6. la llamó (La *refers to* la abuela.)   7. lo capturó (Lo *refers to* el asesino.)   **Actividad H** 1. a   2. b   3. b   4. a   **Actividad I   Paso 1**   1. b   2. a   3. b   4. a   **Paso 2**   1. a   2. b   3. b   4. a

Prueba de práctica

A.   Paso 1   la familia Windsor de Inglaterra   **C.**   Sus padres son muy sospechosos. Quieren saber con quién sale, a quién ve y qué hace. Si llama por teléfono a su amiga, se quedan en el cuarto para escuchar la conversación. Sus amigos no vienen de visita porque no les gusta la constante interrogación de su madre. ¡Y su padre es peor! Por eso pelean mucho. Los padres de sus amigos no actúan así.
D.   Paso 1   1. a   2. a   3. b   **Paso 2**   1. b   2. b   **Paso 3**   1. lo besa   2. lo puede oír
E.   1. a. Sanz   b. Alcalá   2. Guillermo Martínez Mora

LECCIÓN 5

Vistazos: Características físicas

Actividad A   1. b   2. a   3. b   4. c   5. b   6. c   7. a   **Actividad B**   Completed drawing of head with long, curly, dark hair. One ear should be small and the other huge. The nose, in the center of the face, should be shaped like a triangle. The face should have three eyes. There should also be freckles on the cheeks. And there should be two chins.   **Actividad C**   1. a   2. b   3. c   4. b   5. a   **Actividad D Paso 1**   1. Martín   2. Paco   3. Esteban   **Paso 2**   (*Answers will vary.*)   1. Paco no se parece a Martín. Paco es moreno y Martín es rubio.   2. Paco y Esteban se parecen mucho. Tienen el pelo moreno. 3. Paco y Esteban se parecen mucho, pero Esteban es más alto.   4. Esteban no se parece nada a Martín. Martín tiene el pelo rizado, y Esteban lo tiene lacio.

Vistazos: Más sobre las relaciones familiares

Actividad A   1. a   2. b   3. b   4. b   **Actividad B**   1. se   2. la   3. se   4. se, se   5. lo   6. se **Actividad C**   1. c   2. b   3. d   4. a   **Actividad E**   1. a   2. b   3. b   4. a   5. b   **Actividad F** 1. Los novios se abrazan. (cierto)   2. Las madres se apoyan. (cierto)   3. Los padres se llaman. (falso) 4. Las madres se despiden. (falso)   5. Los padres se llevan bien. (cierto)   **Actividad G**   1. b   2. a 3. a   4. b

Vistazos: La herencia genética frente al medio ambiente

Actividad A   a. 3   b. 4   c. 2   d. 1   e. 6   f. 5   **Actividad B**   1. c   2. a   3. c   4. b   5. a **Actividad D**   1. strong assertion   2. weak assertion   3. moderately strong assertion   4. strong assertion   5. moderately strong assertion   6. strong assertion   **Actividad E**   1. Es evidente *que* los gemelos comparten muchas características físicas.   2. Algunos investigadores dicen *que* varios aspectos de la personalidad se transmiten genéticamente también.   3. El estudio en Minnesota asegura *que* la imaginación puede ser heredada.   4. Sin embargo, los investigadores concluyeron *que* la agresividad tiene relación con el medio ambiente.   5. La persona típica cree *que* sólo los aspectos físicos son hereditarios.   6. Es evidente *que* la influencia del medio ambiente no es el único factor en el desarrollo de la personalidad.   **Actividad F**   1. cierto   2. falso   3. cierto   4. falso   5. cierto

Prueba de práctica

A.   Paso 3   Rosie O'Donnell   **B.**   1. c   2. b   **C.   Paso 1**   1. b   2. b   **Paso 2**   1. se adaptan 2. se expresa   **Paso 3**   1. Guillermo y Rodolfo se ayudan.   2. Marisa y Julián se estiman.
D.   Paso 1   1. weak   2. medium   3. strong   4. medium   5. strong   **E.**   1. no   2. en los países caribeños   3. sí   4. características hereditarias: el don de mando, la imaginación, la vulnerabilidad al estrés, el retraimiento, la tendencia a evitar riesgos; características adquiridas: la agresividad, el afán de realización, la impulsividad, el espíritu gregario

LECCIÓN 6

Vistazos: Años y épocas

Actividad A   Paso 1   1. c   2. e   3. g   4. b   5. f   6. a   7. d   **Actividad B   Paso 1**   José Mártir—86 años; María Santos—79 años; Francisco—60 años; María Teresa—57 años; Juan Diego—55 años; María Cristina—49 años; Jesús—31 años   **Paso 2**   1. Francisco es el mayor. Tiene 60 años.   2. a. 22 años b. 48 años   **Actividad C**   1. a   2. b   3. b   4. b   **Actividad D**   1. 985   2. 543   3. 711   4. 152 5. 869   6. 1000   **Actividad E**   1. 1956   2. 1932   3. 1970   4. 1994   5. 1947   6. 1980   7. 1960   8. 1976 **Actividad F**   1. b   2. b   3. c   4. c   5. a   6. c

Vistazos: Épocas anteriores

Actividad A   Paso 2   *Because of the nature of the imperfect and what it means, phrases 3 and 4 can combine with **b, c,** or **d**. 1 and 2 make sense only with **a** due to the nature of what the preterite means.*   **Actividad C** 2. ¿Tenías un amigo invisible? / ¿Tenía Ud. un amigo invisible?   3. ¿Les tenías miedo a los perros grandes? / ¿Les tenía Ud. miedo a los perros grandes?   4. ¿Te levantabas temprano los sábados por la mañana para ver la televisión? / ¿Se levantaba Ud. temprano los sábados por la mañana para ver la televisión?   5. ¿Eras el centro del mundo de tus padres? / ¿Era Ud. el centro del mundo de sus padres? 6. ¿Hacías muchos quehaceres domésticos? / ¿Hacía Ud. muchos quehaceres domésticos?   7. ¿Te llamaba tu familia con un apodo? / ¿Le llamaba su familia con un apodo?   8. ¿Te gustaba hacer bromas? / ¿Le gustaba hacer bromas?   9. ¿Pasabas mucho tiempo solo o sola? / ¿Pasaba Ud. mucho tiempo solo o sola?   10. ¿Ibas a la escuela en autobús? / ¿Iba Ud. a la escuela en autobús?   11. ¿Podías ver la televisión hasta muy tarde? / ¿Podía Ud. ver la televisión hasta muy tarde?   12. ¿Te gustaba dormir con la luz prendida? / ¿Le gustaba dormir con la luz prendida?   13. ¿Visitabas a tus abuelos con frecuencia? / ¿Visitaba Ud. a sus abuelos con frecuencia?   14. ¿Te burlabas de tus hermanos? / ¿Se burlaba Ud. de sus hermanos?   15. ¿Se burlaban de ti tus hermanos? / ¿Se burlaban de Ud. sus hermanos?   **Actividad D**   1. Antonia nota: (a) que las familias de hoy son más pequeñas y (b) que muchas mujeres casadas trabajan fuera de casa.   2. Josefina menciona que su nieto sólo tiene un hijo y que la esposa de su nieto es abogada.   3. Las mujeres trabajan (a) por necesidad económica o (b) por gusto o interés en lo que hacen.   4. Antonia no tiene una opinión definitiva.   **Actividad E** 1. protestábamos…   2. llevábamos…   3. teníamos…   4. experimentábamos…   5. escuchábamos… 6. quemábamos…   7. vivíamos…   8. íbamos…   9. creíamos…   **Actividad G**   1. Mis padres me conocían mejor que ahora.   2. Mis padres me leían libros.   3. Mis padres trabajaban.   4. Mis padres eran mis amigos.   5. Mis abuelos nos visitaban regularmente.   6. Mis padres salían con sus amigos. 7. Mis hermanos se burlaban de mí.   8. Mis padres me ayudaban con la tarea.   9. Mis padres me gritaban.   **Actividad H**   1. b   2. b   3. a   4. b   5. b   6. b   **Actividad J**   1. tan   2. tanto   3. tantas 4. tan   5. tan   6. tantas   7. tantas   8. tantos

Prueba de práctica

A.   Paso 2   1. mil novecientos cincuenta y cinco   2. mil novecientos ochenta   3. mil novecientos noventa y cuatro   4. dos mil   5. mil ochocientos   6. mil setecientos setenta y seis   **D.**   No. Los españoles tienen una esperanza de vida más larga que los latinoamericanos.

LECCIÓN 7

Vistazos: Los hábitos de comer

Actividad A   Paso 2   Calcio: la leche, el helado; Carbohidratos y Fibra: los cereales, los espaguetis, el arroz; Proteínas: las carnes, el pollo; Grasas: la mantequilla; Vitaminas y Fibra: las fresas, la fruta, la lechuga, el maíz, las papas, la toronja   **Actividad B**   1. c   2. a   3. c   4. b   5. a   6. b   7. a   8. c **Actividad C**   1. Las bananas suelen ser amarillas.   2. El interior de la papa suele ser blanca.   3. Los tomates suelen ser rojos.   4. La mantequilla de cacahuete suele ser marrón.   5. Los limones suelen ser agrios.   6. El atún suele ser salado.   **Actividad D**   1. falso   2. cierto   3. falso   4. cierto   5. cierto 6. falso   **Actividad E**   1. c   2. b   3. a   4. a   5. b

Vistazos: A la hora de comer

Actividad A 1. a   2. a   3. b   4. b   5. c   **Actividad B** 1. a   2. b   3. a   4. b   5. b   **Actividad C**
Paso 1 1. Carlos   2. Ricardo   3. María   4. Raquel   5. Laura
Paso 2

PERSONA	LÁCTEO	CARNE	FRUTAS/VERDURAS	CARBOHIDRATOS
2. Ricardo	no	no	no	bollería variada
3. María	leche	no	jugo de naranja	tostada
4. Raquel	no	huevos, salchicha	no	panqueques
5. Laura	leche	no	manzana	cereal

Actividad D 1. b   2. c   3. b   4. a   5. b   **Actividad E** 1. c   2. c   3. c   4. c   5. a   **Actividad F**
1. b   2. b   3. no   **Actividad G** 1. c   2. b   3. c   4. a

Vistazos: Los gustos

Actividad B 1. Manolo   2. Estela   3. Estela   4. Manolo   5. Estela   **Actividad C** 1. b   2. a   3. b
4. c   5. a   6. c   **Actividad E** 1. a. the student   b. the professor   2. a. the customers   b. the waitress
3. a. Mrs. García   b. the students   4. a. the parents   b. the children   5. a. Claudia   b. the boyfriend
Actividad F 1. a   2. b   3. a   4. a   5. b   **Actividad G** 1. a   2. a   3. b   4. b

Prueba de práctica

A. 1. b   2. e   3. a   4. h   5. f   6. g   7. d   8. c   **C.** Diálogo 1: 3   Diálogo 2: 2   **D.** a. 4   b. 2
c. 1   d. 5   e. 3

LECCIÓN 8

Vistazos: Los buenos modales

Actividad E 1. a, f   2. g, o   3. i, j   4. b, k   5. d   6. e   7. i, n   8. m   9. c   10. h, l

Vistazos: Las dietas nacionales

Actividad B Primera actividad (lavar la ropa): 1. hay que separar los objetos por colores   2. es bueno
revisar los objetos   3. Es imprescindible saber qué temperatura   4. hay que sacar los objetos;   Segunda
actividad (estudiar):   5. Hay que hacer esto casi todos los días   6. Es muy buena idea hacer esto sin
distracciones   7. Es imprescindible concentrarse durante la actividad   8. hay que tomar apuntes
Actividad C 1. b   2. a   3. b   4. a   5. c   6. b   7. a   8. c

Vistazos: En un restaurante

Actividad A 1. c   2. b   3. b   4. a   5. b   6. c   7. a   **Actividad B** 1. durante la comida   2. al
principio de la comida   3. al final de la comida

Prueba de práctica

A. **Paso 1** 1. tenedor, cuchillo, cuchara   2. copa, vaso   3. modales   **C.** **Paso 2** 1. en un restaurante
2. al final   3. Alfredo, porque Mario lo invitó la última vez   4. entre el 10 y el 20 por ciento

LECCIÓN 9

Vistazos: Las bebidas

Actividad A *Possible answers:* 1. c   2. g   3. a   4. f   5. b   6. e   7. j   8. d   9. h   10. i   **Actividad D**
Possible arrangement of steps: 1. g   2. e   3. d   4. c   5. a   6. b   7. f   **Actividad E** 1. a, e, g   2. c
Actividad F 1. sí   2. sí   3. no   4. sí   5. no   6. sí   7. sí   8. no   9. sí   10. sí

Vistazos: Prohibiciones y responsabilidades

Actividad B 1. Colombia   2. Rusia   3. España   4. Cuba   5. la Argentina   6. Chile   7. Holanda
8. Francia   9. Nueva Zelandia

Prueba de práctica

A. **Paso 1** 1. c   2. a   3. b   4. d   **Paso 2** 1. b   2. refrescos dietéticos   3. hielo   4. una cerveza

LECCIÓN 10

Vistazos: Los estados de ánimo

Actividad B 1. b *or* e 2. g 3. b *or* e 4. a 5. c 6. d 7. f **Actividad F Paso 2** se enoja, se irrita **Paso 3** 1. sí 2. no se sabe 3. no se sabe 4. sí

Vistazos: Reacciones

Actividad A Paso 1 1. a 2. b 3. c 4. a 5. b **Paso 2** 1. a 2. a 3. c 4. b 5. b **Actividad B** 1. c 2. a 3. b **Actividad C** 1. Un piloto llega tarde al trabajo. Está tenso y nervioso. No dice nada. Sólo llora y grita. Se encierra en la cabina del avión y silba. 2. a. tenso b. nervioso c. triste 3. El piloto todavía está en la cabina. Lo único que hace es silbar. 4. a. no b. sí c. sí d. no **Actividad D** 1. lógica 2. ilógica 3. lógica 4. lógica 5. ilógica **Actividad E Paso 2** 1. Normalmente ¿te falta energía por la tarde? 2. Después de lavar la ropa, ¿siempre te falta algo? 3. Cuando estudias para un examen, ¿te faltan a veces apuntes importantes? 4. ¿Te faltan muchos cursos para completar tu campo de especialización? 5. Al final del mes, ¿siempre te falta dinero? 6. ¿Faltas mucho a la clase de español? 7. ¿Faltas mucho a otras clases? **Actividad F Paso 1** 1. Quedan nueve copias. 2. Quedan catorce huevos. 3. Quedan nueve rosas. 4. A María Jesús le quedan veintiocho dólares. 5. Quedan setenta y ocho estudiantes. **Paso 3** 1. A Carlos le quedan treinta y nueve discos. 2. A Gloria le quedan dieciséis botellas.

Vistazos: Para sentirte bien

Actividad A 1. b 2. c 3. a 4. c **Actividad B Paso 1** 1. d 2. a 3. d 4. b **Paso 2** a. 4 b. 3 c. 1 d. 2 **Paso 3** (*Answers may vary.*) 1. Ir al cine no debe estar en el grupo 1 porque no es necesario gastar mucha energía para hacer esta actividad. 2. Hacer ejercicio no debe estar en este grupo porque para hacer ejercicio no se necesita pelota. 3. Ir de compras no debe estar en el grupo 3 porque para hacer esta actividad se necesita salir de casa. 4. Pintar no debe estar en este grupo porque no es un deporte ni una forma de ejercicio físico. **Actividad D** 1. a 2. f 3. b 4. d 5. e 6. c **Actividad F Paso 1** 1. contento 2. tenía problemas 3. hacía 4. iba de compras 5. preparaban galletas 6. leía un cuento

Prueba de práctica

A. Conversación 1. 1. dos amigos, Enrique y Guillermo 2. Se siente fatal; está deprimido. 3. No duerme bien; tiene más apetito. Conversación 2. 1. silba; está contenta 2. chico; conoce 3. orgulloso Conversación 3. 1. b 2. b 3. a 4. b **C. Paso 1** 1. c 2. a 3. b **D. Paso 1** 1. a 2. a **E.** 1. la depresión en que algunas personas se encuentran en el invierno. 2. se sufre una falta de energía 3. se tiene una incapacidad de concentrarse 4. la falta de luz

LECCIÓN 11

Vistazos: El tiempo libre

Actividad A Paso 1 1. c 2. b 3. b 4. a 5. c 6. b 7. c **Paso 2** 1. el voleibol 2. trabajar en el jardín 3. meditar 4. saltar a la cuerda 5. bañarse en un jacuzzi **Actividad B Paso 2** a **Paso 3** c **Paso 4** nadar, caminar, pintar, cantar, trabajar en el jardín, meditar, bañarse en un jacuzzi o cualquier otra actividad (1) que se practica a solas (2) que no requiere mucha actividad física y (3) que no requiere el gasto de dinero. **Actividad D Paso 1** 1. c 2. a 3. a 4. b **Paso 2** 1. a 2. b 3. a 4. c

Vistazos: En el pasado

Actividad A Paso 1 Claudio: (sábado) trabajó en el jardín, (domingo) fue al parque, dio un paseo; Óscar: (sábado) corrió 10 kilómetros, (domingo) jugó al tenis; Fernando: (sábado) se bañó en el jacuzzi, tocó el piano, (domingo) meditó **Paso 2** a. Óscar b. Fernando c. Fernando d. Claudio e. Óscar **Actividad C Paso 2** 1. ¿Cuándo fue la última vez que levantaste pesas? 2. ¿Cuándo fue la última vez que fuiste a un museo? 3. ¿Cuándo fue la última vez que acampaste? 4. ¿Cuándo fue la última vez que diste un paseo? 5. ¿Cuándo fue la última vez que nadaste en un lago? 6. ¿Cuándo fue la última vez que jugaste a los naipes? 7. ¿Cuándo fue la última vez que te bañaste en un jacuzzi?

8. ¿Cuándo fue la última vez que patinaste?   9. ¿Cuándo fue la última vez que diste una fiesta?
10. ¿Cuándo fue la última vez que dormiste más de ocho horas?   **Actividad D**   1. Alicia   2. Fue con otra persona. Lo sé porque usa las formas correspondientes a **nosotros** (por ejemplo, **dimos un paseo, fuimos al museo**) cuando habla de lo que hicieron.   3. a, c, d, g   4. Fueron a Nueva York. Pistas más obvias: Museo de Arte Moderno, Museo Metropolitano y Parque Central.

Vistazos: La buena risa

Actividad B   Paso 2   1. b   2. c   3. b   4. a   5. a   **Actividad D**   1. b   2. c   3. e   4. a   5. d
Actividad F   Paso 2   1. el mayordomo   2. una pistola   3. el mayordomo

LECCIÓN 12

Vistazos: Saliendo de la adicción

Actividad A   1. Acuéstate temprano. b   2. Mírate en el espejo. a   3. Ven aquí. b   4. Escríbelo aquí. c
5. Ponlo en la mesa. a   6. Hazlo ahora mismo. c

Prueba de práctica

A.   Paso 1   1. una lesión   2. muy dañino   3. Peligro   **Paso 2**   1. Le duele la rodilla.   2. Le recuerda que tanto correr puede ser dañino a las piernas.   3. No puede correr en varios meses.   **B.   Paso 1**
1. No veía tanto la televisión.   2. No jugaba lo que los niños juegan hoy.   3. Usaban su imaginación.
4. Le gustaba hacerse de «Superman».

LECCIÓN 13

Vistazos: El horóscopo chino (I)

Actividad A   1. b   2. a   3. c   4. b   5. c   **Actividad E**   1. sí   2. no   3. sí   4. no   5. sí   6. sí   7. no
8. no   9. sí

Vistazos: El horóscopo chino (II)

Actividad A   1. f   2. c   3. d   4. b   5. e   6. a   **Actividad B   Paso 2**   1. El mono   2. el cerdo   3. el perro   4. el gallo   **Actividad C**   1. a, b   2. d   3. b, d   4. a

Vistazos: La expresión de la personalidad

Actividad B   1. He hecho una película sobre el Holocausto. También he hecho una película sobre los dinosaurios. Stephen Spielberg   2. No he llegado a la India, pero he descubierto el Nuevo Mundo. Cristóbal Colón   3. He visto la Tierra desde el espacio. Fui el primer hombre que caminó en la luna. Neil Armstrong   4. He escrito la Declaración de la Independencia de los Estados Unidos. Thomas Jefferson   5. He tratado de resolver los conflictos en Centroamérica. Gané el Premio Nobel por mi plan de paz. Óscar Arias   **Actividad C   Paso 2**   1. sí   2. sí   3. no   4. sí   5. no   6. sí   7. no   8. no   9. no
10. sí   11. no   12. sí   **Paso 3**   Las dos personas son compañeros de cuarto.   **Actividad E**   1. b   2. f
3. e   4. c   5. d   6. a

Prueba de práctica

A.   Paso 1   1. b   2. c   3. c   4. a   5. b   6. a   7. b   8. a

LECCIÓN 14

Vistazos: Las mascotas (I)

Actividad D   Paso 2   (*Answers will vary.*)   1. Yo haría trabajo extra...   2. Yo estudiaría en Espana o en México si me fuera...   3. Yo tendría que estudiar toda la noche...   4. En caso de urgencia, yo podría ayudar...   5. Yo no iría a clases los viernes si me fuera...   6. Yo escribiría «Sí, hablo español»...

Vistazos: Las mascotas (II)

Actividad D   1. el hombre   2. la mujer   3. la mujer   4. la mujer   5. la mujer   6. el hombre
7. el hombre

Vistazos: La vivienda

Actividad A   1. d   2. b   3. una ciudad   4. b   5. c   6. a   7. b   **Actividad B**   1. la residencia estudiantil   2. la ausencia de algo   3. el barrio   4. el campo   5. la casa particular   6. el tamaño
Actividad D   a. 2   b. 1   c. 4   d. 5   e. 3

LECCIÓN 15

Vistazos: De aquí para allá

Actividad C   1. b   2. a   3. c   **Actividad D**   Situación 1.   1. b   2. la calle está lejos   Situación 2.   1. c   2. el banco está cerca   **Actividad F**   1. c   2. b   3. a   **Actividad H**   **Paso 1**   Como es cosa de ir tres millas por una calle y otra milla por otra, es más probable que Gonzalo vaya en carro.

Paso 3

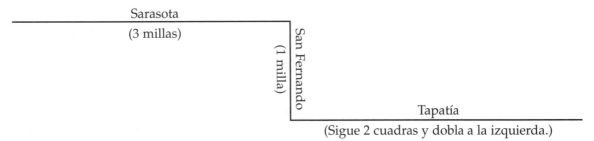

Sarasota
(3 millas)

San Fernando
(1 milla)

Tapatía
(Sigue 2 cuadras y dobla a la izquierda.)

Vistazos: Los saludos

Actividad A   **Paso 1**   1. el uno al otro   2. el uno al otro   3. —   4. —   5. el uno al otro   **Actividad C**
Paso 2   1. no   2. sí   3. sí   4. no   5. sí   6. sí   7. no   8. sí

Prueba de práctica

B.   **Paso 1**   1. B   2. LD   3. A   4. A   5. LD   6. A   7. B   8. A   9. A   10. LD

LECCIÓN FINAL

Vistazos: La ropa y el viaje

Actividad A   **Paso 1**   1. d   2. b   3. c   4. g   5. e   6. g   7. e   8. c   9. a   10. f   **Paso 2**   1. falso
2. cierto   3. cierto   4. falso   5. cierto   6. falso   7. falso   8. falso   9. cierto   10. cierto   **Actividad C**
Paso 1   1. a   2. a   **Paso 2**   1. unos zapatos   2. una falda   3. una falda de cuero, su blusa de seda
Actividad D   1. a   2. b   3. a   4. b   5. b   6. a   **Actividad E**   **Paso 2**   1. avión   2. su boleto   3. la sección de no fumar   4. el boleto   5. revistas a los pasajeros   **Actividad F**   **Paso 2**   1. cierto   2. cierto
3. falso   4. falso   **Paso 3**   1. vinos selectos, deliciosas comidas, comodísimos asientos de cuero
2. mejoras en la clase de vuelo, viajes gratis   **Paso 4**   1. e   2. c   3. d   4. a   5. b   **Actividad G**
1. dobles y simples   2. baños privados, balcones, terrazas, teléfonos, televisiones a colores   3. piscina, canchas de tenis y golf, excelente comida, playa privada   **Actividad H**   **Paso 2**   1. barato   2. sencilla
3. privado con ducha   4. media   5. sin vista   **Actividad I**   1. a   2. c   3. b   4. d   **Actividad J**
Paso 2   4, 5   **Paso 3**   1. gran turismo   2. 1.464.000 pesos   3. 2 días   4. no

Vistazos: Las profesiones

Actividad B   **Paso 1**   1. d   2. a   3. b   4. f   5. k   6. j   7. c   8. g   9. i   10. e   11. h   **Actividad E**
1. la enseñanza   2. el cine/la televisión   3. el derecho   4. los deportes   5. la asistencia social

Vistazos: Las posibilidades y probabilidades del futuro

Actividad A   1. Escuchará los problemas de otras personas. (María Gonzáles, Alejandra Iturribe)
2. Les hará muchas preguntas a otras personas. (María Gonzáles, Alejandra Iturribe)   3. Trabajará mucho de noche. (María Gonzáles, Martín Iglesias)   4. Pasará mucho tiempo con animales. (José Blanco)
5. Tendrá que viajar mucho. (María Gonzáles, Martín Iglesias)   6. Conocerá a muchas personas interesantes. (María Gonzáles, Alejandra Iturribe)   7. Tomará muchos apuntes. (José Blanco, María Gonzáles, Alejandra Iturribe)   8. Les hará muchos exámenes físicos a los animales. (José Blanco)

9. Escribirá artículos sobre lo que observa. (María Gonzáles, Alejandra Iturribe)   **Actividad C**   **Paso 2**
1. Ana   2. Rogelio   3. Rogelio   4. Ana   **Actividad F**   **Paso 2**   b   **Paso 3**   1. c   2. b

Prueba de práctica

A.   **Paso 1**   1. b   2. c   3. d   4. a   **C.**   **Paso 1**   1. persona que trabaja en la agricultura   2. persona que escribe para un periódico   3. persona que dirige los negocios de un establecimiento mercantil   **Paso 2** 1. programador(a), técnico   2. farmacéutico/a   3. biólogo/a, físico/a, químico/a   **D.**   **Paso 1**   (*Answers may vary.*)   1. ¿Sabe hablar otro idioma?   2. ¿escribe bien?   3. ...sabe expresarse claramente?   **Paso 2** periodista